现代高校教育与管理创新实践

胡艳艳　朱朝阳　李婵娟　著

哈尔滨出版社
HARBIN PUBLISHING HOUSE

图书在版编目（CIP）数据

现代高校教育与管理创新实践 / 胡艳艳，朱朝阳，李婵娟著． — 哈尔滨 ：哈尔滨出版社，2023.4

ISBN 978-7-5484-7170-7

Ⅰ．①现… Ⅱ．①胡… ②朱… ③李… Ⅲ．①高等学校—教育管理—研究—中国 Ⅳ．① G640

中国国家版本馆 CIP 数据核字（2023）第 067269 号

书　　名：**现代高校教育与管理创新实践**
XIANDAI GAOXIAO JIAOYU YU GUANLI CHUANGXIN SHIJIAN

作　　者：胡艳艳　朱朝阳　李婵娟　著

责任编辑：韩伟峰

封面设计：张　华

出版发行：哈尔滨出版社（Harbin Publishing House）

社　　址：哈尔滨市香坊区泰山路 82-9 号　邮编：150090

经　　销：全国新华书店

印　　刷：廊坊市广阳区九洲印刷厂

网　　址：www.hrbcbs.com

E－mail：hrbcbs@yeah.net

编辑版权热线：（0451）87900271　87900272

开　　本：787mm×1092mm　1/16　印张：11　字数：240 千字

版　　次：2023 年 4 月第 1 版

印　　次：2023 年 4 月第 1 次印刷

书　　号：ISBN 978-7-5484-7170-7

定　　价：76.00 元

凡购本社图书发现印装错误，请与本社印制部联系调换。

服务热线：（0451）87900279

前　言

目前，我国的高等教育已步入大众化阶段，随着高等教育的改革与发展，高等教育管理体系的改革与创新也迫在眉睫。为积极应对经济全球化所带来的机遇和挑战，中国高等教育管理制度也需要根据新的形势变化而不断地进行改革和创新。高等教育管理体制是高等教育改革的重难点，而高等教育管理体制改革的关键则是理念的改革和创新。积极推行高等教育管理理念的改革和创新，不仅有利于高等教育管理制度的全面发展，还有利于资源的优化配置以及人才培养质量的稳步提升。

因此，本书在对目前高等教育管理制度存在的问题进行系统性分析的基础上，阐述了我国高等教育管理的改革历程与创新模式，同时参照人本管理理论和建构主义理论，提出了"以学生为本"的高等教育管理理念，对我国高等教育管理的改革与创新提出了一些看法，希望能够对我国高等教育管理制度的发展起到促进作用。高等教育在改革与创新中应坚持以学生为本，突出学生的主体地位，发展学生的主体性。在"以学生为本"的理念指导下，面对我国高等教育的发展现状和所呈现出的问题，笔者提出了在改革和创新过程中的大体方向和具体措施。在对我国高等教育的发展前景进行展望时，笔者亦根据"以学生为本"的理念提出建议，以期能为我国的教育事业添砖加瓦，为"人才强国"的战略出谋划策，为实现中华民族伟大复兴助力。

目 录

第一章　高校教育教学概述

第一节　我国高等教育的发展及性质转变

高等教育的发展历史可以追溯到中世纪的大学，后来不断发展、不断转型，形成了高等教育的三项职能，即培养专门人才、科学研究、服务社会。改革开放以来，我国高等教育事业获得长足发展，改革取得了令人瞩目的成绩，初步形成了适应国民经济建设和社会发展需要的多层次、多形式、学科门类基本齐全的社会主义高等教育体系，为社会主义现代化建设培养了大批高级专门人才，在国家经济建设、科技进步和社会发展中发挥了重要作用。

一、我国高等教育近代化的历史进程及进程中的模式转换

我国高等教育近代化的历史进程及进程中的模式转换大致可分为三个时期。

第一个时期（1862—1894），甲午战争以前，中国近代高等教育处于酝酿时期。从 19 世纪 60 年代开始，出现了一批培养外语人才和军事技术人才的专门学校，它们不同于传统的封建教育机构，不是培养能够成为各级封建官吏的"治才"，而是培养通晓各国语言和技术（特别是军事技术）的所谓"艺才"。最典型的代表即 1862 年成立的京师同文馆和 1867 年创办的福建船政学堂。1894 年前后，我国共创办此类学堂 30 多所。

第二个时期（1895—1911），19 世纪末 20 世纪初，是中国近代高等教育发展的重要时期。1895 年、1896 年、1897 年和 1898 年分别成立的天津中西学堂、上海南洋公学、浙江求是书院和京师大学堂，一般被认为是中国近代大学的雏形。20 世纪初，清政府颁布了第一部包括高等教育在内的具有近代意义的全国性学制——《癸卯学制》。

第三个时期（1912—1927），1911 年的辛亥革命推翻了清王朝的统治，结束了两千多年的封建帝制，为中国近代高等教育的发展提供了一个相对宽松的环境。1912 年至 1927 年的 16 年间，可以说是中国高等教育发展模式的多元化时期。1912 年，在蔡元培主持下所进行的教育改革形成的新学制《壬子癸丑学制》，对清末颁布的《癸卯学制》中有关高

等教育的内容做了相应的改革。其间，教育部还陆续公布了《大学令》《大学规程》《专门学校令》《公立、私立专门学校规程》和《高等师范学校规程》等一系列有关高等教育的法规法令。众所周知，作为当时教育改革的总设计师，蔡元培非常关心高等教育，《大学令》就是由他亲自制定的。直到1917年蔡元培出任北京大学校长之后，他的高等教育理念——学术自由和教授治校，才部分地在他所主持的北京大学付诸实施。就在蔡元培以德国高等教育为模式对北京大学进行深刻改造的同时，另一所国立大学——在南京高等师范学校基础上发展而来的东南大学迅速崛起。至20世纪20年代中期，东南大学影响很大，成为与北京大学南北呼应的中国高等教育的又一重镇。

高等教育院校作为人类所创造的知识和文化的重要传播场所，作为高级专门人才的培养基地，有其自身发展的内在规律。高等教育的发展，既受处于不同经济发展阶段、不同政治文化背景的各个国家和地区的具体国情所制约，也受高等教育本身的发展规律所制约。从一定意义上可以说，一个世纪以来，中国高等教育发展模式的转换就是在如何认识和正确处理这一对矛盾的过程中艰难推进的，不能以强调本国情形的特殊性为由而拒绝遵循高等教育发展的一般规律，也不能以标榜追赶世界潮流为借口而置本国国情于不顾，这是我们回顾和总结这段历史所应深刻吸取的经验教训。

二、我国高等教育目标和性质的转变

1894年至1911年的18年间，是中国近代高等教育的起步时期。19世纪末创办的天津中西学堂、上海南洋公学、浙江求是书院和京师大学堂是近代大学的雏形。1904年颁布的《癸卯学制》中有《奏定大学堂章程》《奏定高等学堂章程》和《奏定农工商实业学堂章程》。在这些章程中，关于办学理念和培养目标，有了新的表述：大学堂"以谨遵谕旨，端正趋向，造就通才为宗旨，以各项学术艺能之人才，足供任用为成效"。通儒院（研究生院）"以中国学术日有进步、能发明新理以著成书、能制造新器以利民用为成效"。从前一个时期的培养"艺才""专才"，到这一时期提出的"通才"，从字面上看，似乎又回到了传统的人才观，因为中国的传统教育也强调"通才"，即所谓"一物不知，儒者之耻"。但是，这里的"通才"是以掌握"各项学术艺能"为前提的，不仅与封建教育的理想人格"通才"在内涵上有所不同，而且这种目标的提出本身也提升了"艺才"与"专才"的地位。在一定意义上可以说，与之前相比，这一时期较多地接纳了西方高等教育的理念。当然，这种"通才"仍必须"谨遵谕旨""以忠孝为本，以中国经史之学为基"。在这里，中国传统高等教育的影响依然十分强大。这是因为，虽然科举制度在1905年已被废除，但是科举制度赐予出身的陋习仍然被保留了下来，秀才、举人、进士的头衔还十分具有吸引力，更重要的是封建专制制度的政治框架还在起支撑作用，社会主流价值观的变革终究需要以经济基础和政治制度的变革为前提。与此相适应，在这十几年间，高等教育在课程体系、教学内容和方法上发生了较大的变化，最明显的表征是西方近代社会科学的各个门类被大量引进高等教育的课堂，政治学、法学、教育学、哲学、心理学、经济学等社会科学被作为大学或高等学堂的教学内容的教科书大量出版。民国初年，资产阶级革命派和激进的民主主义者从根本上否定了"中体西用"这一直接支配高等教育培养目标的文化观念，提出要用"民主共和"和"科学民主"的精神来改造中国传统的封建主义文化，这也为高等教育培养目标的进一步发展及演变提供了思想基础。

从1912年至1949年的近40年间，当时的政府制定颁布过几部重要的关于高等教育的法令、规程。就培养目标而言，从法律条文上看，最大的变化在于取消了封建社会高等教育的政治方向。1912年的《专门学校令》提出，专门学校以教授高等学术、培养专门人才为宗旨。同年颁布的《大学令》规定，大学以教授高深学术、培养硕学闳才、应国家需要为宗旨。这里强调的是高深学术，是培养"硕学闳才"和"专门人才"。高等教育领域中大学和专门学校的区分标准是"学"与"术"，前者重在学术研究，后者重在应用技术。政治上、思想上的限制与要求，即所谓"忠君""尊孔"，在培养目标中被取消了，特别在民国前期，由于蔡元培的努力和他广泛的社会影响，中国近代高等教育得以在教育理念上有了一次大的飞跃。正如有些研究者所指出的："只有在这一时期，中国才真正开始致力于建立一种具有自治权力和学术自由精神的现代大学。"西方高等教育理念的核心，即学术自由和大学自治的观念，通过蔡元培的理论倡导和身体力行，第一次较全面地被国人所认识和接受。蔡元培在对北京大学的改造中，反复强调学术自由、兼容并包的办学方针。从一定意义上可以说，正是通过蔡元培在北京大学的努力，才使中国高等教育在教育理念和培养目标上，从根本上动摇了以培养"内圣外王"的"贤士""君子""循吏"为目标的主流传统。在这里要强调说明的是，蔡元培在宣传、倡导西方大学理念的同时，也充分利用了中国封建社会高等教育的非主流传统，即弘扬古代书院浓厚的学术氛围、师生间砥砺德行互相切磋的融洽之情以及相对的独立地位等。

在课程体系和教学内容方面，民国时期与清末相比较，最大的变化是废除了反映封建传统文化的科目，增加了大量新学科，在人文社会科学方面如此，在自然科学和技术科学方面更是如此。据统计，1919年《大学规程》中所开设的课程科目总数比清末《癸卯学制》所规定的多300多门；专科学校课程也比清末相应学堂科目增加了1~2倍。蔡元培主持下的北京大学于20世纪20年代开设的课程中，有许多在欧美一些著名大学中也是刚刚起步。

中华人民共和国成立后，关于高等教育培养目标的明确表述，最早见之于政府法规文献的是1950年7月政务院批准的《高等学校暂行规程》，其中规定："中华人民共和国高等学校的宗旨为根据中国人民政治协商会议共同纲领第五章的规定，以理论与实际一致的教育方法，培养具有高级文化水平、掌握现代科学和技术的成就，全心全意为人民服务的建设人才。"在这里，除去头、尾两处有关政治方向的要求之外，其核心内容是培养具有高级文化水平、掌握现代科学和技术成就的建设人才。与民国时期高等教育的培养目标相比较，在政治上提出不同的要求是十分自然的。应该说，作为高等教育的特点还是体现了出来，"高级建设人才"的提法也涵盖了学术人才与专门技术人才。当然，由于特定的国际国内环境，所谓学术自由、大学自治等，在刚刚取得政权的社会条件下，是不会受到关注的。相反，对大学中旧知识分子的改造很快就提上了议事日程。在课程体系方面，构建了以马克思主义理论著作为基础的新的课程体系，进一步发展的则是借用苏联的课程体系。

在 1956 年至 1957 年间，中国高等教育领域出现了一股追求学术自由、大学自治的风潮。知识分子们响应中国共产党"百花齐放，百家争鸣"的号召。

1961 年，《中华人民共和国教育部直属高等学校暂行工作条例（草案）》（以下简称《高教六十条》）颁布，对高等学校的培养目标做了前所未有的详细规定："高等学校学生的培养目标是具有爱国主义和国际主义精神，具有共产主义道德品质，拥护共产党的领导，拥护社会主义，愿为社会主义事业服务、为人民服务；通过马克思列宁主义、毛泽东著作的学习和一定的生产劳动、实际工作的锻炼，逐步树立无产阶级的阶级观点、劳动观点、群众观点、辩证唯物主义观点；掌握本专业所需要的基础理论、专业知识和实际技能，尽可能了解本专业范围内科学的新发展；具有健全的体魄。"可以说，这是近代以来关于高等教育培养目标字数最多的一次表述。

1978 年教育部对 1961 年颁布的《高教六十条》略做修改，引发全国高校组织讨论，其中关于高等教育的培养目标完全是原来的表述。这说明了在改革开放初期，注重专业知识的问题已被提到了议事日程上。1980 年 2 月，全国人大颁布了《中华人民共和国学位条例》，其中规定对在高等学校和科研机构的毕业生和科研人员经过严格考核，分别授予学士、硕士和博士学位，其目的是促进科学专门人才的成长，促进各门学科学术水平的提高与教育和科学事业的发展。

1985 年 5 月，中共中央颁布了《关于教育体制改革的决定》（以下简称《决定》）。《决定》指出："高等学校担负着培养高级专门人才和发展科学技术文化的重大任务。"这是中华人民共和国成立以来，第一次如此明确地把高等教育的任务归结为培养高级专门人才和发展科学技术文化。这次会议的另一项与高等教育理念有关的重大决定是，明确提出要扩大高等学校的办学自主权，"使高等学校具有主动适应经济和社会发展需要的积极性和能力"。可以说，《决定》给予了我国高等学校自中华人民共和国成立以来从未有过的自主权。此外，《决定》还强调高等学校是教学、科研中心，要么负责教学，要么负责专业培训和改革教学内容、教学方法、教学制度以及提高教学质量，开展教学改革试验，改变专业过窄的状况，增加选修课，实行学分制和双学位制等，努力借鉴和移植先进国家高等教育的课程体系和教学内容。

进入 20 世纪 90 年代，随着改革开放的深入和经济体制的转变，中国高等教育的发展进入一个新的历史时期。1994年7月，国务院颁发《关于中国教育改革和发展纲要的实施意见》，提出要进一步发挥高等学校在国家科学技术工作中的重要作用，实施"211"工程，面向21世纪，重点建设100所左右的高等学校和一批重点学科院校。1998年8月，全国人大制定并颁布了《中华人民共和国高等教育法》，规定"高等教育的任务是培养具有创新精神和实践能力的高级专门人才，发展科学技术文化，促进社会主义现代化建设""高等学校应当面向社会，依法自主办学，实行民主管理"。这是中华人民共和国成立50年来制定颁布的第一部高等教育法，它突出强调了培养高级专门人才和办学自主权，全面肯定了改革开放以来我国在高等教育办学理念、培养目标、管理体制等方面所取得的共识。与此同时，随着经济的发展和人民群众接受高等教育需求的不断增长，西方发达国家高等教育大众化的理念正在日益被人们所接受，并逐渐转化为政府的教育政策，中国高等教育面向社会精英阶层的传统正在成为历史。可以说，中国近代高等教育在经历了整整一个世纪的曲折之后，终于有了明确的、与世界高等教育发展同步的理念、目标与方向。

三、我国高等教育的类型

国家教育发展研究中心将我国高等教育分为四种类型。

（一）研究型大学

研究型大学明显特征是学科综合性强，每年授予的博士学位数量多，培养的人才层次为本科及本科以上学历，满足的是对高层次研究型人才和研究型成果的需求，研究生至少占到20%~25%，每所学校每年授予博士学位的数量至少为50个。

（二）教学研究型大学

教学研究型大学的教学层次以本科生、硕士生为主，个别行业性较强的专业可招收部分博士生，但不培养专科生。

（三）教学型本科院校

教学型本科院校的主体是本科生的教学，特殊情况下有少量的研究生或专科生。

（四）高等专科学校和高等职业学校

高等专科学校和高等职业学校体现了高等教育在学校、专业设置上最为灵活的部分，主要是为了满足当地经济建设及社会发展的需要。

第二节　现代教育理念

一、现代教育理念的内涵

"教育要面向现代化，面向世界，面向未来"，这是邓小平同志 1983 年 10 月 1 日为北京景山学校的题词。题词发表后，迅速为各大媒体所转载，在全国上下引起了巨大的反响，并由此拉开了教育界改革的序幕。

教育必须为社会主义现代化建设服务，社会主义现代化建设必须依靠教育。这是邓小平关于教育要"三个面向"思想的基本要求。因此，现代教育要适应政治、经济、文化的飞速发展，必须以更加创新与完善的理念引导现代教育的改革。综合起来，现代教育理念大致可以归为以下几个方面。

（一）以人为本的理念

21 世纪的今天，社会已经由重视科学技术为主发展到以人为本的时代，教育作为培养社会所需要的人才来促进经济社会发展的事业，更应当体现以人为本的时代精神。因此，现代教育强调以人为本，把重视人、理解人、尊重人、爱护人、提升和发展人的精神贯穿于教育教学的全过程、全方位，它更关注人的现实需要和未来发展方面，注重挖掘人的潜能，重视人自身价值的实现，从而不断提高人的生存和发展能力，促进人自身的发展与完善。

（二）全面发展的理念

促进人的自由全面发展是现代教育的宗旨，因此它更关注人的发展的完整性、全面性，宏观上表现在，它是面向全体公民的国民性教育，注重民族整体的全面发展，以大力提高和发展全民族的思想道德素质和科学文化素质，提高民族的知识创新和技术创新能力，增强包括民族凝聚力在内的综合国力为根本目标；微观上表现在，它以促进每一个学生在德、智、体、美、劳等方面的全面发展与完善，造就全面发展的人才为己任。这就要求人们在教育观念上实现由精英教育向大众教育、由专业性教育向通识性教育的转变，在教育方法上采取德、智、体、美、劳等多育并举、整体育人的教育方略。

（三）素质教育的理念

现代教育更注重教育过程中知识向能力的转化工作及其同化为人们的良好素质，强调知识、能力与素质在人才整体结构中的相互作用、辩证统一与和谐发展。针对传统教育重知识传递、轻实践能力，重考试分数、轻综合素质等弊端，现代教育更加强调学生实践能力的锻造，全面素质的培养和训练，主张能力与素质是比知识更重要、更稳定、更持久的要素，把学生综合素质的培养与提高作为教育教学的中心工作来抓，以帮助学生学会学习和强化素质为基本教育目标，旨在全面开发学生的诸种素质潜能，使知识、能力、素质和谐发展，提高人的整体发展水准。

（四）创造性理念

传统教育向现代教育的重要转型之一，就是实现由知识性教育向创造性教育转变。因为知识经济更加彰显了人的创造性作用，人的创造力潜能成了最具有价值的不竭资源。现代教育认为，教育教学是一个具有高度创造性特点的过程，以启发、点拨、开发、引导、训练学生的创造性才能作为其基本目标。主张以更新颖的教学手段和美好的教学艺术来创造出教育教学环境，从而更好地培养创造性人才。现代教育主张，完整的创造力教育是由创新教育（旨在培养学生的创新精神、创新能力与创新人格）与创业教育（旨在培养学生的创业精神、创业能力与创业人格）二者结合形成的生态链构成的。因此，加强创新教育与创业教育并促进二者的结合与融合，培养创新型、创业型、复合型人才成为现代教育的基本目标。

（五）开放性理念

当今时代是一个开放的时代，科学技术的快速发展，经济的逐步全球化使世界成为一个紧密联系的地球村。以前的教育格局将被打破，取代它的是一种全方位开放的新型教育。这种新型教育包括教育方式的开放性、教育过程的开放性、教育观念的开放性、教育目标的开放性、教育评价的开放性、教育内容的开放性等。

（六）多样化理念

现代社会是一个日益多样化的时代，随着社会结构的高度分化，社会生活的日益复杂和多变以及人们价值取向的多元化，教育也呈现出多样化发展的态势。首先表现在教育需求的多样化上，为适应经济社会发展的要求，人才的规格、标准必然要求多样化。其次表现在办学主体多样化、教育目标多样化、管理体制多样化。最后还表现在灵活多样的教育形式、教育手段，衡量教育及人才质量的标准多样化等方面。这些都为教育教学过程的设计与管理提出了更高的要求与挑战，它要求根据不同层次、不同类型、不同管理体制的教育机构与部门进行柔性设计与管理，它更推崇符合教育教学实践的弹性教学与弹性管理体系，主张为教育事业的发展提供更加宽松的社会政策法规体系与舆论氛围，以促进教育事业的繁荣与发展。

（七）生态和谐理念

自然物的生长需要良好的自然生态环境，人才的健康成长同样也需要宽松和谐的社会生态环境的滋润。现代教育主张把教育活动看作一个有机整体，这个整体不但包括教育活动的老师、课堂、学生、教育、实践、内容与方法诸多要素的融洽与和谐统一，也包括教育活动与整个文化氛围和环境设施的和谐统一，把融洽、和谐的精神贯穿于教育的每一个有机要素和环节之中，最终形成统一的教育生态链整体。

（八）系统性理念

随着知识经济的来临以及学习化社会的到来，终身教育成为现实。教育成为伴随人一生的最重要的活动之一。因而，教育不再仅仅是学校单方面的事情，也不仅仅是个人成长的事情，而是社会进步与发展的大事，是整个国民素质普遍提高的事情，是关乎精神文明建设及两个文明协调发展的全局性、战略性大业，它是一项由诸多要素组成的复杂的社会系统工程，涉及许多行业和部门，需要全社会普遍参与、共同努力才能做好。所以，与传统教育不同，转型时期我国正在形成一种社会大教育体系，它需要在系统工程的理念指导下进行统一规划、设计和一体化运作，以培养人们的学习能力，提升人们的生存和发展能力为目标，以实现社会系统内部各环节、各部门的协调运作、整体联动为基础，把健全教育社会化网络作为构成教育环境的中心工作来抓，促进大教育系统工程的良性运行与有序发展，以满足学习化社会对教育发展的迫切要求。

二、高校现代教育理念

（一）高校教育理念的概念

我国学界对教育理念问题的关注和研究，始于 21 世纪之初的基础教育新课程改革。新课程从教学目标的确立到教学内容的编排，再到教学方式的设计，都与传统课程有着根本的不同。教师要想适应新课程的教学工作，首先必须转变教育思想和观念。其后，教育理念研究逐渐从基础教育领域进入高校教育领域。从已有教育理念的研究成果来看，其概念界定比较有代表性的观点如下：有学者从教学理性认识的角度出发，认为教育理念是从先进的教育理论中演绎出来的有关教学活动的理性认识，是"教学应该怎样、为什么需要如此"的理想化认识，体现了教师对教学实践的价值期待及理想追求。有学者从现实与超越的视角指出，教育理念不仅包括教师对教学问题的现实性认识，也包括教师对教学问题的前瞻性价值判断与结果选择。有学者主张从教学规律的角度解读教育理念，指出教育理念是教师对教学与学习活动内在规律的认识，是教师对教学活动的看法以及所持有的基本态度与观念。有学者从大学教师的维度指出，教育理念是指大学教师头脑中观念性地存在着的，关于学科教学和学生智慧发展等方面理论与信念的综合体，是指导教师教学实践活动的理论基础。有学者从融合与统一的视角指出，教育理念就是教学理念和教学理想的一种融合，是主观和客观的一种融合，是认识和信念的一种融合，是思想和行为的一种融合，是事实判断和价值判断的一种融合。有学者则从教学思维和教学价值观的角度出发，指出教育理念是关于教学的根本看法与思想，是教师对教学问题进行思维所获得的结果。综上所述，学者们对教育理念概念的解读和界定，虽然存在着认识视角和侧重点的不同，但也反映了一些共同特点，即都主张把教育理念理解为教师对教学所做出的主观认识和价值判断，是教师对教学所表现出的态度与信念、期待与追求，是教师对教学所持有的思想与观念。

基于上述分析，我们认为高校教育理念是高校教师在长期教学理论学习与教学实践反思的基础上创造生成的对教学活动价值及其本质规律的认识和判断。从本质上来说，教育理念体现了高校教师对"教学究竟是什么"以及"教学到底能够做什么"的理性思考，深刻反映了教师对教学的应然状态以及教学的理想状态的憧憬和向往，因而表现为一种指向教学实践活动未来的精神范式和理性品格。高校教育理念不同于教育观念，教育观念或者是以"非系统化"的方式呈现关于教学实践的感性认识，或者是以"意识形态"的方式呈现关于教学实践的理性认识，具有强烈的现实性色彩。高校教育理念也不同于教学理想，教学理想是教师对未来教学实践发展趋势的把握、想象和憧憬，它不仅具有鲜明的情感性特点，而且具有极为突出的信念性特征。高校教育理念处于教育观念和教学理想的联结点与关键点的位置，较之于教学观念，它往往弱化了现实性而更具信念性；较之于教学理想，它往往弱化了信念性而更具现实性。教育理念在高校教师的教学实践活动中发挥着方向性和主导性的价值作用，是更新教师教学行为的先导和灵魂。教育理念渗透和融入高校教师的教学过程之中，不仅影响着教师对教学内容的讲解、对教学方法的运用以及对教学进程的调控，也影响着高校教师的教学态度及其对教学认知、情感和行为的投入程度，因而是高校教师教学成功的最深层支撑力量。

（二）高校教育理念变革的趋势

进入 21 世纪以来，随着我国高等教育大众化进程的不断推进，高等教育条件保障机制等方面遇到了难以预料的困难，由此引发的人才培养质量争议成为高等教育的热门话题。政府和高等学校回应这种社会争议的积极举动就是实施"高等学校教学质量与教学改革工程"，试图既改善高等教育的条件保障状况，又注重将物化的环境与条件转化为人才培养所必需的制度建设，不断推进教育理念创新。

1. 建立健全大教育观

建立健全大教育观具体表现在优质高等教育资源共享上，通过新教材和立体化教材建设、网络教育资源开发和共享平台建设，建设面向全国高等学校的精品课程和立体化教材的数字化资源中心，建成一批具有示范作用和服务功能的数字化学习中心，完善终身学习的支持服务体系，提升我国高等教育的质量和整体实力。这需要充分考虑提高教学质量的系统性和复杂性，确定一些具有基础性、全局性、引导性的改革突破口，引导高等学校教育教学改革的方向，实现高等教育规模、结构、质量和效益协调发展。同时，也需要调动政府、学校和社会各方面的力量，把发展高等教育的积极性引导到提高质量上来，充分利用各方面力量支持高等学校的发展，切实解决高等学校在提高质量方面的实际问题，为高等学校办学创造良好的外部环境。

2. 不断鼓励和引导丰富多彩的高等学校教学创新

高等学校教学创新与高等教育质量提高是一对永恒的孪生话题。总体而言，我国高等学校教学创新在实践活动上可谓阵容庞大、气势恢宏，但在形式和内容上出彩不多。因此，在教学制度创新方面，要继续建立和完善教学评估制度、专业认证制度、高等学校基本状态、数据发布制度等；在教学活动创新方面，不仅要落实"教授、名师要上课堂"，还要努力建设高等水平的教学团队。同时，应继续突出学生的主体地位，不断加大学生选课、选专业的余地，通过学分制使学生学习的自主性、自我责任心进一步增强，还应通过各级各类大规模、高强度的教学研究与教学改革立项和成果奖励，推动教学方法改革创新的激励机制，根本改变教学方法改革创新零散、自发、孤立、短效的局面。

第二章 高校教育教学的理念创新

第一节 高校教育教学理念创新的缘由

一、高校教育教学理念创新的由来

（一）培养人才观念的形成

高校教育的根本任务是培养人才，而人才培养的主要途径是教学活动。改革开放以来，确立了知识本位的高校教育思想观念。

随着国家对人才培养质量的关注与重视，人们开始重新认识和反思高校教育教学和科研的关系，进而确立教学在学校工作中的中心地位，无论什么类型的高校教育，首要任务是人才培养，科学研究也要肩负起人才培养职能。高校教育教师必须把教学放在第一位，切实履行教师的基本职业职责。

随着世界高校教育发展和科技、社会进步对人才培养规格新要求的不断提出，能力本位观点越来越受到重视，社会更需要提供知识全面、技能过关的高素质人才。因此，对教学活动提出了新的要求：一方面是出于理论教学与实践教学关系问题的考虑，既不能忽视理论教学又要加强实践教学；另一方面也是出于协调学校教育与社会教育的关系，既不能在学校教育与社会教育之间走极端，也不能过多增加学生学习的时间、经费、心理等负担。于是，新的教学中心地位理论逐步得到丰富和发展，在校内强调理论教学与实践，在科研活动中培养学生能力，在校外加强实习实训基地建设，建立产学研究机制。

（二）以专业教育为主的教育思想形成

一般认为，国际上的高校教育大致有两种教学模式：一种是以苏联和德国为代表的专才教育模式，学生在校学习时间较长，既打基础，又进行实践训练；另一种是以美国为代表的通才教学模式，学生在校学习时间较短，主要是打基础，实践训练放到大学毕业以后。我国最先主要学习苏联模式，形成了专才教学模式。改革开放后，我们发现苏联专才教育模式存在许多问题，开始注意学习欧美通才教育模式。同时，这两种模式自身又不断变化和交融。

一般认为，现代专业教育思想源于美国国家功利主义视域下的科学主义高校教育哲学。兴起于 20 世纪初的以实用为标准的功利主义教育观影响了美国几十年，受苏联 1957 年"卫星上天"的影响，美国更加重视高校教育教学的科学功利。1978 年我国召开的全国科学大会提出"向科学进军"，迎接科学春天的到来，此后一直成为国家教育方针政策以及学校教育教学工作的重要指导思想的构成元素。但培养学生一技之长的专业教育思想很快受到素质教育思想的挑战，因为国内外的人才成长及使用实践表明，仅有一技之长的人并不能担负高级专门人才的重任。随着世界科技的迅速发展，学科专业高度分化后再高度综合成为发展趋势，人才培养与社会工作都越来越复杂化，特别是"曼哈顿计划"反映出社会工作对人员合作、协调、组织能力等综合素质的要求越来越高，不仅要具有扎实的基础、宽广的知识面、较强的能力，而且要具有良好的思想政治素质、道德水平、健全的身体和心理素质。

以自由教育、人文教育、普通教育等形式出现的综合素质教育思想得以萌生，传统意义上的专门人才培养模式、观念逐渐被拓宽专业口径、增强"适应性"的呼声和"通识教育"的理念所取代，仅仅重视科学技术的"精、深、专"为"德才兼备""文理兼备"的人才目标所取代。随后，华中科技大学率先提出以人文素质教育为突破口，中共中央和国务院出台专门文件推进高校教育全面素质教育，并建立了一大批国家人文素质教育基地。人文素质教育并非只对理工科学生进行人文科学知识传授，而是对所有学生都加强人文品格、人文精神的全面教育，是通识教育的具体体现。

（三）提高终身学习和终身教育观念

按照传统的职业教育观念，高校教育在教育序列中毫无疑问就是人一生的终结性教育活动。但由于世界科技发展的日新月异以及世界性社会工作的不断变化，由联合国教科文组织的系列报告引发，以素质教育思想为理论支撑的终身教育、终身学习观念逐渐渗透到高校教育领域，高校教育究竟是终结性教育还是基础性教育一时成为学术界的争论热点。特别是高校教育达到大众化甚至普及化程度之后，高校教育的基础性就更加突出，高校教育只能为学生未来成为科技人才从事科技职业打下知识、能力和继续学习的基础，而不能为未来准备好所需的一切。因此，高校教育人才培养必须更加重视比较宽广的学科领域、比较扎实的基础知识、比较强的学习和研究能力，也必须为在职人员提供高校教育后继续学习的条件。

（四）以学生为本的个性化教学观念逐渐生成

一场世界性的学习革命使高校教育教学模式也必须适应受教育群体的历史性变化，这是高校教育教学创新的直接指导原则和方向。具体而言，有如下表现：由单纯地掌握知识转变为更加注重智力发展和能力培养；由单纯的专业知识和能力培养转变为同时注重拓宽知识面，培养具有包括外语能力、经管能力、交往能力等多种能力的复合型人才；由单纯注重统一的培养规格转变为同时注重发挥学生的多样化特长和学习潜力；由偏重理论知识转变为同时注重实际知识，进一步强调理论与实践相结合等。

因材施教，促进人才的全面发展是一条基本教育原则。为了突出学生在人才培养中的主体地位，在教学管理、教学环节、教学方式等方面也要将统一的、固定的人才模式变革为多样化、个性化的教学过程和教学形式。既努力拓宽专业口径又坚持按专业培养人才，既制定人才培养目标和基本规格又给予学生充分自由的发展，既坚持教学工作的计划性又给予学校、专业、教师和学生较大的灵活性。在教学管理上，推行学分制，实行选课、选专业等灵活的制度和政策。

二、高校教育教学的变化趋势

进入 21 世纪以来，随着我国高校教育大众化进程的不断推进，高校教育条件保障机制等方面遇到了困难。政府和高校的积极举动就是实施"高等学校教学质量与教学创新工程"，试图既改善高校教育的条件保障状况，又注重将物化的环境与条件转化为人才培养所必需的制度建设，不断推进教学思想观念创新。

（一）建立健全的教育观

健全的教育观具体表现在创新高校教育资源共享上，通过新教材和立体化教材建设、网络教育资源开发和共享平台建设，建设面向全国高校教育的精品课程和立体化教材的数字化资源中心，建成一批具有示范作用和服务功能的数字化学习中心，完善终身学习的支持服务体系，提升我国高校教育的质量和整体实力。这需要充分考虑提高教学质量的系统性和复杂性，确定一些具有基础性、全局性、引导性的创新突破口，引导高校教育教学创新的方向，实现高校教育规模、结构、质量和效益协调发展。同时，也需要调动政府、学校和社会各方面的力量，把发展高校教育的积极性引导到提高质量上来，充分利用各方面力量支持高校教育的发展，切实解决高校教育在提高质量方面的实际问题，为高校教育办学创造良好的外部环境。

（二）高校教育教学创新

高校教育教学创新与高校教育质量提高是一对永恒的话题。总体而言，我国高等教育教学创新在实践活动上可谓阵容庞大、气势恢宏，但在形式和内容上出彩不多。因此，在教学制度创新方面，要继续建立和完善教学评估制度、专业认证制度、高校教育基本状态数据发布制度等；在教学活动创新方面，不仅要落实"教授、名师要上课堂"，还要努力建设高水平的教学团队。同时，应继续突出学生的主体地位，不断加大学生选课、选专业余地，通过学分制使学生学习的自主性、自我责任心进一步增强。还应通过各级各类大规模、高强度的教学研究与教学创新立项和成果奖励，推动教学方法创新的激励机制。

第二节　高校教育教学理念创新的思路

一、更新教学理念

（一）更新教育思想，形成实践教育教学理念

实践是指将高校教育教学内容中的自然科学知识、人文知识、德育等各种理论知识教育，通过具体的系统实践来消化、固化、融合、升华。在实践中统一科学教育与人文教育，把实践育人贯穿人才培养的全过程，培养学生的实践能力和创新精神，提升个人人文素质和科学素质，达到完全与社会实际需要相符合。高校在校园文化建设中要建立一种新的激励机制，带动学生积极展开创新创业活动，并给予大力支持，全面推进实践教育。

（二）树立以学生为本的教学理念

在教育教学中要体现出对学生主体地位的充分理解和尊重，对学生潜能的充分诱导和挖掘，对学生人格的充分培养和塑造，把学生的个人意愿、社会的人才需求、学校的积极引导有机结合起来，使学生在知识、能力、思想道德、身心健康等各方面得到均衡、全面的发展，从而促进学生成长成才。这一教学理念要充分贯彻体现到高校教学环节之中的各个方面。在教学模式上，实施弹性教学计划，建立学分制、主辅修制，让学生有一定的选择权和支配权，可以自由支配属于自己的时间和空间，着力于学生创新能力和实践能力的培养。在教学目的上，要一切为了学生，为了学生的一切，为了一切学生。在教学方法上，要大力提倡"以学生为主体、教师为主导"的互动式教学方法，鼓励进行问题式、案例式、讨论式、情境式教学法，开展"启发、互动、探究式"的课堂教学实践，采取一系列措施，使教师由传统式知识传授型教学向现代式研究型教学转变，引导学生由被动接受型学习向研究型学习转变。

（三）灵活多样的教学组织形式

在教学组织的具体实施方面，应采取灵活多样的教学组织形式，对传统教学方式进行创新，充分发挥学生的个性，对学生进行激发和引导，使学生经过探索研究学会自主学习，使教学方式以传授知识向培养学生认知能力和全面素质转变。转变以教师、课堂、书本为中心的教学局面，进行师生互动，展开专题讨论，鼓励自主探索与合作的学习方式，培养学生的探索精神与批判性思维；重视教学的创新性和学生个体间的差别指导，让学生在与教师的朝夕相处中耳濡目染，接受熏陶；以学生亲自动手实践为主，采取提供实践平台，鼓励学生积极参与科学研究，增加实践课程创新的手段，增强教学活力，培养学生获取新

知识、分析和解决问题、交流与合作的能力。

（四）制定均衡的高校教育资源配置政策

在重点大学和普通大学之间要实现教育资源配置的均衡。在建设和发展"双一流"大学的同时也要兼顾一般大学，着力改善一般大学的办学条件。还要针对目前不同区域间高校教育差距越来越大的现象，制定相应的区域高校教育政策，寻求不同教育资源在区域间配置的平衡，增强区域高校教育发展的动力。

科学合理地安排高校教育的学科专业布局，加强教学内容和课程体系创新。合理安排课程设置，高校的办学理念、专业与课程设置、教学模式要与社会需求相一致，培养与社会需求相符的人才。首先，在进行学科专业建设时依据"厚基础"原则构建培养本学科专业人才的基础知识、能力和素质结构。其次，在安排学科专业布局时要依据"宽口径"原则，拓宽学生的专业知识面，把专业设置从对口性向适应性改变，实行"宽口径"的专业教育，优化课程整体结构，拓宽专业课程交叉培养，提高教学质量，提高学生的综合素质，培养学生科学全面发展的能力，为社会提供高素质人才。最后，高校要抓住自身特色，合理定位，遵循差异性原则，建设优势学科，避免模式单一，合理配置教育资源，促进教育公平，促进高校教育科学发展。

（五）因材施教，树立以学生为本的教学理念

因材施教，就是根据不同学生的个性特点来进行不同的教育活动，通过对差异性的辨析制订适合其特点的教学计划。教育公平的实质不是使每一个学生都获得同样的教育，而是使每个学生都获得适合自身的教育，这就是教育公平的适合性原则。我们要充分认识到学生是教育活动的主体，学生是发展的独立的人，每个学生都有自己的独特个性，我们要做到在制定教学目标、教学模式、教学内容以及教学方法等方面坚持以学生为本的教学理念，尊重学生的主体地位，充分挖掘学生的潜能，使学生的个性得到充分发展，塑造学生的健全人格，促进学生的全面发展，促进教育公平的实现。

（六）构建高校教育教学质量保证体系

高校教育教学质量直接影响着人的全面发展，最终影响经济社会的发展，我们要依据相应的政策法规建立高校教育教学质量保证体系，规范学科专业建设，避免重复建设和教育资源浪费，构建独立的、有权威性的高校教育教学质量评估机构，加强对高校教育教学质量的监督，完善高校教育教学评估政策，充分发挥社会的监督作用，对高校教育教学质量进行监督。

总而言之，追求高校教育教学公平是促进高校教育公平的核心所在，也是促进高校教育创新发展的不懈动力，我们必须继续深化高校教育教学创新，优化高校教育结构，不断提高高校教育教学质量，促进高校教育教学公平的实现，最终实现人的全面发展。

二、形成办学特色

办学特色的形成要点如下：

第一，教育教学创新，培育办学特色。一所有特色的高校必定拥有自己独特的教育思想和教育教学理念，这种教育思想和教育教学理念能够在特定的时空环境指导高校的办学思想和办学理念，并能适应时代和社会对教育和培养人才的要求，符合教育思想和教育教学理念的创新要求，符合教育创新发展和社会进步的一般规律，能够促进教育发展方向、人的全面发展及人才培养过程的优化。教育教学的创新必将带来教育思想的转变，先进的教育思想必将促进先进办学思想的实践，包括新的办学目标、办学模式的重新定位标准，实现这一标准所采用的方法、途径以及对此办学实践效果的综合评价。

第二，构建学科特色，促进办学特色。学科特色建设是促进高校办学特色形成的关键所在。学科建设作为高校培育人才、科学研究和服务社会三大职能的具体承担者，它的建设和发展水平对高校的人才培养、科学研究、专业建设和师资队伍建设等方面的质量有着重要影响，对高校办学特色的形成有着强有力的支撑作用，并决定着学校的服务能力和水平及办学层次的提高。学科特色是高校办学特色中的标志性特色，是构成高校教育核心竞争力的主要组成部分。学科特色，一是指特色学科，指某一特定的学科特色；二是指学科结构体系特色，指由几个特色学科共同组成的学科特色。特色学科是学科特色发展的基础，学科结构体系特色是学科特色的扩展，真正的特色学科具有不可替代性，是难以被模仿和复制的。

高校在学科建设上不能求"大"、求"全"、求"新"，而要求"精""尖"，要因校制宜地构建优势学科，发挥优势学科所附带的"品牌"效应，形成办学特色。田长霖教授曾经说过，世界上地位上升很快的学校，都是首先在一两个学科领域有所突破，而不可能在各个领域同时突破，达到世界一流。学校要全力支持最优秀的学科，要有先有后，把优势学科变成全世界最好的，其他学科也就会自然而然地提升上来。所以，从某种意义上来讲，一所大学的学科优势所在，也就是这所大学的办学特色所在。

第三，发扬高校精神，形成办学特色。高校应该是思想自由、学术自由，培养人、完善人，不断提升人格和道德，追求学术真理的。高校精神就是在学校里做学问的心理状态和文化立场。高校精神是一所学校内所有成员在长期办学实践中共同创造、传承、逐步发展起来的，被学校所有成员共同认同而形成的一种精神理念。它反映了一所学校的历史文化传统以及面貌，是学校的精神信念和意志品质的准确表达，是学校独特气质的精神形式和文明成果的表现，也是学校所有成员的精神支柱。高校精神犹如个人的品格，是高校最为核心和高度抽象的价值追求和行为规范，决定着高校的行为方式和高校发展的方向，是高校存在和发展的基石，是高校的灵魂和本质所在。高校精神是高校保持永久活力的源泉，是高校优良传统文化的结晶，是高校在长期教育实践中积淀下来的最具典型意义的精神象征，体现了高校所有的群体心理定式和精神状态，展现了高校的整体面貌、风格、水平、凝聚力、感召力、生命力，最终凝聚形成独有的办学特色。高校的办学理念以及办学实践应该有利于高校精神的形成和发展，并使之形成一种特色教育，经久不衰。

三、推进师资队伍建设

逐步取消高校行政级别，精简高校管理机构，压缩行政费用开支，使教师真正在高校中处于主导地位，同时进行师资队伍建设。百年大计，教育为本；教育大计，教师为本。教师重要，就在于教师的工作是塑造灵魂、塑造生命、塑造人的工作。一个人遇到好教师是人生的幸运，一所学校拥有好教师是学校的光荣，一个民族源源不断涌现出一批又一批好教师则是民族的希望。国家繁荣、民族振兴、教育发展，需要我们大力培养造就一支师德高尚、业务精湛、结构合理、充满活力的高素质专业化教师队伍，需要涌现一大批好教师。

（一）优化高校师资队伍结构

高校师资队伍结构的内容主要包括教师的学历、职称、年龄几个方面，它可以直观地反映出教师队伍的质量、能力和学术水平的一些基本情况。

近年来，我国陆续实施了"高层次创造性人才工程""高校青年教师奖""骨干教师资助计划""硕士课程进修"等多项高级资质队伍建设工程。我们要继续加大对骨干教师和优秀学科带头人的引进力度，强化高层次带头人队伍建设。对于高职称的学科、学术带头人、紧缺专业人才要给予一定的政策倾斜，根据学科发展的目标，有目的地吸引高层次人才，以确保高校师资队伍的职称结构比例合理。还要通过有效措施引进高学历人才，提高师资队伍的学历层次。加强本校优秀人才的培养，吸纳来自不同地区和高校的人才，引进与培养相结合，推动人才与资源的有效整合，以利于各学科专业教师整体知识结构的优化，最终促进高校师资队伍结构的协调发展。

（二）提高高校教师的综合素质

高校师资队伍建设是高校教育教学创新发展的基石，它直接关系着高校教学质量的提高与否。高校教育的快速发展对高校教师的教育教学思想、知识结构、教学方法等综合素质提出了更高层次的要求，要求教师具有熟练应用现代信息技术和现代教育手段的能力、教学与科研的创新能力、理论联系实际的能力、将知识服务于社会的能力以及良好的社会交往能力，要建设这样一支学术过硬、综合素质较高的教师队伍，我国的高校教育师资队伍建设任重而道远。提高高校师资队伍的综合素质要把师德建设放在首位。师德建设是师资队伍建设的基础，不断加强师德建设，是全面贯彻党的教育方针政策的根本保证，是培养德才兼备的高素质的社会主义建设者和接班人的必然要求。在高校师资队伍建设中要遵循"以人为本"的原则，牢固树立"师德兴则教育兴，教育兴则民族兴"的爱国主义教育教学理念，要求教师不断更新观念，用现代教育思想充实自我、完善自我，推进高校师资队伍建设，建设一支为人师表、作风优良、爱岗敬业、治学严谨、教学科研能力强、与时俱进的高素质教师队伍。

提高高校师资队伍的综合素质要注重教师教学素质的培养。教学是培养人才的直接途径，也是高校的主要工作，教师是教学的实施主体，培养教师的教学科研能力是提高教师教学水平的主要途径。要改变过去只注重学历的提高而忽视教育教学能力培养的状况，既要注重教师专业学术水平的提高，也要重视教师教学水平的提高。要求教师掌握教育教学理论、教学方法以及教学规律，增强教师提高教育教学水平的积极性和自觉性。还要加强教师对科研工作的重视，为教师提供进行科研创新的条件，提高高校师资队伍的科研能力、学术水平和教师职业化水平。以"特色专业—精品课程"建设和聘任重点学科带头人为龙头，加强重点学科带头人、学术带头人、学术骨干队伍建设，在部分学科领域形成独具特色的人才群体，致力于学术大师和教学大师的培养，带动师资队伍整体水平的提高。

总之，我们要把高校师资队伍看作一个整体，通过多种方式培养高校师资队伍的现代化在教育教学。提高教师的专业理论学术水平、教育教学能力、科学研究能力以及科学文化素养，全面提升它的教育教学功能、团队协作功能、科研开发功能及社会服务功能，使其掌握先进的教学、科研方法，具有崇尚科学、勇于创新的开拓精神，具有为高校教育事业不懈追求的精神，为高校培养一支具有良好的职业道德、较强的教学科研能力和充满活力的高素质师资队伍；同时促进高校教育教学质量和水平的提高，促进师资队伍建设的良性循环，促进我国高校教育教学创新，为高校教育创新的跨越式发展奠定基础。

四、创新课程体系及教学内容

（一）课程体系创新

首先，要优化和调整学科专业课程结构，因材施教，分层次教学、分类别培养，同时进行主辅修、双学位、定向培养、中外合作办学等多样化的人才培养模式，在满足不同基础学生学习的需求和发展需要的同时也能促进人才培养质量的提升；其次，在课程结构上，打破传统的单一课程结构类型，即分科课程、国家（或地方）课程、必修课程，重新调整课程结构，优化课程体系。综合课程、必修课程和选修课程各自都要占有一定的比例，以"本科规格＋实践技能"为特征，重视学生的个别差异，坚持四个结合，即理论与实践、人文教育与专业课程教学、课内与课外、校内与校外相结合，构建一种合理的适合学生发展的课程体系，最终培养学生具备两个方面的素质——文化素质与创新素质，提高四个方面的技能——基本技能、通用技能、专业技能、综合技能。

在高校基础课程教育上，构建综合基础教育体系，所有学科专业都进行国防教育、人文教育、自然科学基础教育、德育实践等基础知识培训。要构建综合实践体系，搭建公共实践平台，包括专业实验、实习、设计、毕业设计（论文）、德育实践、科技文化实践、创新实践等。还要构建学生实践能力考核体系，对学生的综合实践能力进行考核，进行"创新课程"研究，转变理论基础。创新课程所依据的理论基础由心理学扩展为社会学、经济学、文化学、政治学和生态学等更具包容性的学科领域。创新不仅包括首次创造，也包括对他人所创造出来的成果的重新认识、重新组合和设计应用。

创新课程并不是以学科的方式向学生传授一整套如何创新的知识、方法和策略，也不是以学生获取学科知识为中心，而是以综合实践的方式为学生提供相对独立的、有计划的进行研究性学习、设计性学习、体验性学习、实践性学习、反思性学习和生活性学习的学习机会，让学生从自己的现实社会生活中自主选择研究课题并通过对开放性、社会性、综合性和实践性问题的探究，形成自己独特的学习方式，培养学生的创新精神、探究能力、开放性思维、社会实践能力和社会责任感。同时，创新课程也是一种创新性理念，指在一种课程开发与实施过程中除了独立的综合实践课程之外，原有的所有课程科目在具体实践中都要设置一些必要的干扰性因素，并通过课程内容的复杂性、模糊性来增加课程的难度，以培养学生的探究能力。

（二）教学内容创新

遵循"厚基础、宽口径、强能力、重质量"的复合型人才培养原则，重新规划和设计教学内容与课程体系。改变过去只在专业学科范围内设置专业课、专业基础课、基础课的"三级"课程编排方式，构建专业必修、专业选修、学科必修、公共必修、公共选修五大课程体系，对教学内容与课程体系进行重新规划和设计。按照学科专业普遍大类平行设计学科专业类课程、新公共基础课程、文化素质教育课程和实践性教学课程等较大教学课程内容体系，增加选修课，减少必修课，对公共课进行分级分类教学。

厚基础就是使学生熟练地掌握各个学科的专业基础理论、基础知识、基本技能，并能扎实地运用到实践中去，强化学生基础知识体系，打造精品课程。进一步加强学生基础理论、基础知识、基本技能和基本方法的学习与实践，进行优秀主干课程建设和基地品牌课程建设，重点建设基础较好、适应面广的学科专业基础课、主干课和专业课，使之达到国家精品课程建设标准。

宽口径就是拓宽学生的专业知识面，把专业设置从对口性向适应性改变，实行宽口径的专业教育，提高学生的综合素质，为社会提供高素质人才。在课程体系建设上，优化课程整体结构，拓宽专业课程交叉培养，提高知识质量，加强学生文化素质教育。在公共必修课程之上可以设置学科必修课程，按照分类搭建课程平台，注重文理交叉，在课程体系中设置跨专业课程，强化专业渗透，为学生的宽口径发展搭建学科基础平台。优化学生知识结构，让学生根据自己的专业特长、兴趣爱好和发展趋向自由选择，进一步拓宽专业口径，培养学生的综合素质。

强能力、重质量就是从培养学生全面发展、提高学生综合素质出发，以分析、模拟、教学等基本形式展开实践教学，加强课堂内外的实践教学环节，并通过组织社会实践、社团活动、专业实习等实践活动培养学生的务实能力、操作能力，注重学生的人格塑造，充分挖掘学生的潜能，注重培养学生"从一般到个别"的解决能力，着重训练学生"从个别到一般"的调查分析能力，帮助学生养成可行性分析的良好思维习惯，使培养出的学生具备强能力、高质量的特点。

（三）实践教学创新

我国高校教育教学要重点落实实践环节，拓宽高校学生校外实习、实践渠道，与社会、行业以及企事业单位共同建设实习、实践教学基地，力求提高高校学生的实践能力。对学生进行实践教育，并多方面采取各种有效措施，确保学生专业实践和毕业实习的时间和质量，把教育教学与社会实践紧密地结合起来。

开展实践教学，要求学校通过开辟各种有效途径为学生搭建实践平台，建立一批相对稳固的课内外学生实习和实践基地，并积极组织学生进行社会实践、调研、实习等活动，逐步培养高校学生的敬业精神，培养他们艰苦奋斗的精神和坚韧不拔的意志，有计划、有目的地推动大学生自觉自愿地加强职业道德素养。逐步培养学生的实践创新能力，积极支持学生的创新创业活动，致力于学生创新素质的发掘和培养。创新素质主要包括创新意识、创新精神、创新能力等三个层面的内容。在一个创新型国家的建设进程中，这种全新的创新素质正逐渐成为学生在就业市场竞争中的核心竞争力。

五、教学模式和方法创新

人才培养是一个复杂的系统工程，必须不断探索其内在的规律，摒弃不合理的教学模式，认真细致地研究教学，研究其内在的多重因素——教学理念、教学内容、教学方法、教学模式等，从而掌握教学规律。因此，我们提出了"教学民主"的教学观念，对传统的教学模式进行创新，开创研究性教学、开放性教学和互动性教学等一些能够体现"教学民主"的经典教学模式，充分突出学生的主体性地位，激发学生的主动参与意识，开发学生的学习潜能，创设民主、和谐的学习氛围，指导学生学会学习，在教学中建立一种和谐的师生关系，充分调动学生学习的自发性和积极性，保证学生的和谐全面发展。

（一）推广研究性教学，培养学生的创新意识

教学从知识传递向注重能力培养的转变，必然要求教学方式方法的变革，推进研究性教学正是深化教学创新的重要路径，也是研究型大学人才培养的一个基本特征。研究性教

学是一种将教师自身的研究思想、方法和最新成果引入教学过程的教学模式。通过研究性教学，使教学建立在科研基础上，科研促进教学的提高，教学与科研互动并向学生开放，从而引导学生在参与教学过程中步入科研前沿，激发学生主动思考、主动探索、主动实践的创新意识。

第一，研究性学习的过程是情感活动的过程。通过让学生自发地参与探究性学习活动，获得亲身体验，逐步形成一种在日常生活和学习中勇于探索、努力求知的良好习惯，从而激发探索和创新的积极欲望。

第二，研究性学习的过程就是一个探索的过程。这是在一个相对开放的环境中寻找问题和探讨解决问题的过程。通过这一过程，可以培养学生的思维能力，培养学生发掘和解决问题的能力，使学生掌握一定的科学学习方法，增强学生对资料的收集能力、分析能力、总结能力以及学会利用多种有效手段、多种途径获取信息都有积极的推动作用。

第三，研究性学习的过程是一个互动的学习过程。这个过程中离不开学生与团体、学生与学生之间的沟通与合作，可以说研究性学习为学生提供了一个人际沟通与合作的良好空间，为学生分享研究资料、学习信息、创意和研究成果以及发扬团队精神提供了一个很好的交流平台，培养学生学会合作、发现问题、克服困难、共同解决问题的能力。研究性学习的过程也是一个实践的过程，要求学生从实际出发，实事求是，尊重他人研究成果，严谨治学，积极进取。

第四，研究性学习的过程也是一个培养学生全面素质提高的过程。通过学习实践加深对科学的认知以及对自然、社会的积极意义与价值，使学生懂得思考国家、社会、人类与世界共同进步、和谐发展的伟大命题。在培养学生的创造能力和实践能力之余还培养了学生形成积极的人生观、价值观。研究性学习过程也为学生提供了综合运用各门学科知识的机会，加深了学生对已学知识的重新记忆，培养学生的积极参与能力以及自主创新能力。

（二）推广开放性教学，培养学生的创新能力

开放性教学是为了鼓励学生主动积极地去探究知识规律，对传统教学过程中影响学生发展的不合理因素进行创新，从而培养学生自主创新性学习能力的新型教学。开放性教学的主要思想理念在于以学生的发展为本，通过教学目标、教学方法、教学内容以及整个教学过程的开放，从传统的课堂教学走向开放式教学，充分发挥学生的主体作用，让学生自己掌握学习主动权，自己去探索、发现，培养学生的创新能力。在开放性教学中，教师不能仅仅拘泥于教材、教案的内容，要给学生提供充分发展的空间，创设有利于学生自主发展的开放式教学情境，根据学生的发展状况不断调整教学过程的每一个环节，激发学生学习的动力，促进学生在积极主动的探索过程中健康、全面、和谐地发展。开放性教学不只是一种教学方法、教学模式，还是一种教学理念，它的根本目的是让学生的创新潜能得到充分发展，以开放的教学活动过程为路径，以最优教学效果为最终目标。

（三）开创互动性教学，提高教学质量

互动性教学就是在教学过程中充分发挥师生的主动性，师生之间相互交流、相互探讨，促进师生共同发展，最终优化教学效果，共同完成教学目标的一种教学模式。互动性教学不仅可以活跃课堂气氛，而且能够及时反馈学生的学习进度以及掌握知识的规律。互动性教学包括教与学的互动、教学理念的互动、心理的互动以及形象和情绪的互动等。互动性教学是一种富有生命力的创造性教学，有着现代性、互动性和启发性的特点。它要求教师按教学计划组织学生系统而有目的地学习，并要求教师按学生的发展要求有针对性地因材施教。促进教师努力探索、学习，不断提高自己的专业水准和教学水平，同时激发学生学习的积极性，促进学生个性的发展，提高教学效果和效率，最终提高教学质量。互动性教学以学生为主体，以教师为主导。提倡师生平等的沟通、交流，让学生在没有压力的情况下轻松自由的学习，让学生参与教学计划、教学决策，有利于培养学生自觉学习和主动学习的能力以及创新学习的能力。

六、重视高校学生文化素质教育

学生文化素质教育是高校高质量人才培养的重要组成部分，是我国高校教育教学创新的一个重要方面，要将文化素质教育贯穿于高校教育的全过程，进而实现教育的整体优化，最终达到教书育人的目的。高校学生的基本素质包括文化素质（思想道德素质）、专业素质和身体身心素质，其中文化素质是基础。文化是人们所创造出来的物质和精神的成果，是人的活动的对象化、物化，是人观念存在的形式，是超越个人的实物形态或观念形态。一种文化一旦被创造出来，就不再受时间、空间、个人的限制，就会被广泛地传播和使用。文化素质就是人们所拥有的所有文化知识的内在积淀，文化素质对于人们的人生观、价值观的形成具有基础性的决定作用，并最终成为行为的指导规范。同样，人们已有的人生观、价值观也会反作用于文化素质。提高学生素质教育，主要是指文化素质教育及创新精神、实践能力的培养。文化素质教育重点指人文素质教育，主要是通过对学生加强文学、历史、哲学、艺术等人文社会科学、自然科学方面的教育，以提高全体学生的文化品位、审美情趣、人文素养和科学素质。

（一）提高高校学生文化素质教育的目的和意义

国家要发展，经济是中心；经济要振兴，科技是关键；科技要进步，教育是基础。由此可见，教育在我国发展中的作用和地位是重中之重的。在发展过程中，需要主体——人，是有知识、有文化、有创造力的人，进行社会发展和变革。因此，发展最根本地又被归结为人的发展。高校教育，主要是培育有知识、有文化、创新型人才，高校教育能够产生新的科学知识、新的生产力。高校教育的三大职能之一是发展科学，高校教育在传输知识、

培养人才的同时，亦创造新的科学理论。高校教育所培养的不同专业、不同层次的各种文化素质人才在社会生活各领域的作用，将直接、间接地影响全社会的可持续发展，可持续发展的教育观念即是应从全社会可持续发展的角度来审视教育的创新与发展。在高校教育中，我国已从办学体制、投资体制、管理体制、教育教学、招生就业、考试制度等方面进行了多层次的创新，已经逐步走上了一条可持续发展的新道路。当然这条道路并不平坦，在进行创新的过程中会有诸多的问题凸显出来，其中提高高校的学生文化素质教育显得尤为重要。

（二）观念变化对高校学生文化素质的影响

我们生活的时代正处于急剧变革的社会转型时期，人们的生存方式和形态也随之发生了历史性的变化。目前，受社会上一些现象的影响，各种媒介的导向作用，使我国高校学生的价值观、文化观都发生了巨大的变化。价值观是人们对人和事的评价标准、评价原则和评价方法的观点体现。它具体表现为信念、信仰、理想和追求等形态。一定的价值观反映在一定生产关系条件下人们的利益需求，决定着人们的思想取向和行为选择。在经济日益全球化的今天，经济的迅速发展，物质的极大丰富，也在刺激着高校校园，高校学生作为最敏感的社会群体之一，其价值观也随之不断变化。当前经济发展、教育创新与媒体导向等是影响学生价值观变化的主要因素。

文化观是一个人对待文化的态度。我们要树立正确的文化观，不狂妄自大，不妄自菲薄。合理对待外来文化，不一概排斥，但也绝不崇洋媚外。

（三）提高高校学生文化素质的途径

提高学生的文化素质，必须将文化素质教育贯穿于高校教育的全过程，要求培养出的学生具备人文科学素质、自然科学素质，具有较强的综合能力，如观察分析能力，研究思考能力，语言、文字表达能力，决策能力，组织能力，处理复杂关系的能力以及应用计算机和现代信息技术进行学习、工作和生活的能力，从而实现教育过程的整体优化，最终达到教书育人的目的。提高学生文化素质，必须从以下三方面做起。

第一，提高学生的文化素质，高等院校必须转变教育观念，必须进一步加大教育教学创新力度，建立科学的课程体系，创新教学内容和教学方法。首先，转变教育思想并更新教育观念。在教育过程中要注重对学生创新能力的培养，开发学生的潜力，让学生在受教育过程中享受到创新的乐趣，积极进取，把学生培养成为全面发展的人。其次，构建科学的课程体系，进行教学内容和课程体系创新，充分发挥以课堂教学为主体的导向作用。文化素质不能纯粹以自然的方式在现实生活中靠个体的感悟和体验来获得或提高，而是需要精心设计和安排，以科学而系统的课程体系为支撑，通过发挥课堂教学的主导作用，来实现学生文化素质教育的目的。总的来说，要全面提高高校学生的科学素质与人文素养。在具体教学过程中，应强调人文与科学的自然渗透与融合，必须包括文、史、哲、自然科学等多学科门类的知识内容来构建多学科交叉的高校课程体系，为培养学生科学素质和人文素养提供广博而深厚的文化底蕴。强调课程体系的科学性，使学生通过各种必修课和选修课的学习和探索，形成合理的知识结构和深厚的知识基础。

第二，提高学生的文化素质，高等院校必须提高教师队伍质量，使教师的科学素质和人文素质全面提高。蔡元培曾指出，大学为纯粹研究学问之机关，不可视为养成资格之所，亦不可视为贩卖知识之所。学者当有研究学问之兴趣，又当养成学问家之人格。"师者，所以传道授业解惑也。"教育工作者是社会主义核心价值体系的宣传者和教育者，"身教重于言教"，教育工作者要发扬严于律己、以身作则、率先垂范的优良作风，自觉自愿地做到诚信、肯学、肯干，带头实践我们所提倡的道德标准、价值观念和理论要求，真正起到教育和带动广大学生的领头作用，只有这样，才能真正提高和发挥社会主义核心价值体系中教育工作的说服力、吸引力和感染力。

第三，提高学生的文化素质，必须创新人才培养模式，把知识、能力和素质三者有机地结合起来，贯穿于高校教育的全过程，使高校学生在这三个方面获得和谐的同步提高，以期造就出高素质的全面发展的人才。要培养学生拥有良好的文化素质修养，不仅是传授文化知识，而且要教给他们获取知识的方法和技能，在获取知识的同时，让能力得到充分的发挥，个人素质得到充分提高，这才是教育创新的最终目的，这才是教育的真正目的。蔡元培先生曾说，教育是帮助被教育的人，给他能发展自己的能力，完成他的人格，于人类文化上尽一分子责任；不是把被教育的人，造成一种特别器具，给抱有他种目的的人去应用的。

除此之外，还要全社会的积极配合，媒介充分发挥积极正面的舆论导向作用等，只有这样，培养出的学生才是全面发展的人，才会成为有益于社会、有益于人类的有价值的新型知识人才，才能继续推动教育创新，才能推进整个社会的可持续发展。

七、人力资源强国战略推动高校教育教学创新

实施人力资源强国战略，关键在于建设高校教育强国。进入 21 世纪，国家站在创新开放和加速社会主义现代化建设的高度，提出了实施人力资源强国战略的重大举措。

高校的职责就是为建设教育强国提供强有力的人才保障和科技支撑。当前我国高校教育已经实现了跨越式的发展，成为了高校教育大国。要想建设成为人力资源强国，必须以人为本，从创新教育观念、突出高校办学特色、深化高校教育教学创新和完善体制等方面全面推进高校教育创新，才能将我国从人口大国建设成为人力资源强国。我国高校教育人力资源开发的构想是坚持"人力资源是我国持续发展的第一资源"的战略决策，从 2011 年到 2020 年，高校教育入学率达到 40%，各类高校教育在校生人数达 3300 万人左右，这

一时期高校教育学龄人口规模下降，高校教育普及程度快速提高，研究生在校生人数达到200万人以上，打造若干所世界高水平大学，造就一批世界级先进学科，大幅提高国家科技的原创力，培养一大批拔尖创新人才；从2021年到2050年，预计高校教育入学率达到50%以上，进入高校教育普及化阶段，各级教育都达到较高发展水平，实现从追赶到超越的战略转变，跨入教育发达国家行列，成为世界高校教育人力资源强国。

我国从高校教育人口大国迈向高校教育人力资源强国的构想是：从2021年到2050年，每百万人口中科学家和工程师人数达到3000人左右，实现高校教育人口大国向高校教育人力资源强国的跨越发展。我国必须在全面建设经济型社会的同时全面建设学习型社会，强化高校教育人力资本投资，使我国高校教育人力资源的结构更加合理、总量更加充足、质量更加过硬、体系更加完善，最终促进全体人民的学习能力和就业能力的发展，提高人民的整体素质和综合能力，使我国从教育人口大国迈向人力资源强国。

第三节　高校教育教学理念创新的举措

一、树立终身教育的教学理念

终身教育、终身学习的思想是近代以来各国教育界乃至思想界的热门研究课题之一，构建终身教育体系、创建学习型社会也逐渐成为联合国以及世界各国指导教育改革和社会发展的基本理念。终身教育论者认为教育具有时空的整体持续性，即教育与学习"时时都有，处处皆在"。传统教育往往将人的一生分割为三个时期，即学习期、工作期、退休期。终身教育则冲破传统教育的观念，认为教育应当包括人发展的各个阶段及各个方面的教育活动，既包括纵向的从胎教开始直至死亡的各个不同发展阶段所受到的各级各类教育，也包括横向的从学校、家庭、社会等各个不同领域受到的教育。

《中华人民共和国教育法》明确提出，要"完善现代国民教育体系，健全终身教育体系"。《面向21世纪教育振兴行动计划》进一步明确，"终身教育将是社会生产力发展与社会进步的共同要求"，要"基本建立起终身学习体系"。可见，终身教育、终身学习，已经成为我们的教育和社会理想，建立和完善终身教育体系，已成为我们义不容辞的职责。因此，要树立终身教育的教学理念，将各类教育形式有机结合，合理配置，创新高校教育的教学模式。高校教育肩负起发展终身教育的重任，依据社会的发展，职业的需求做好高校教育、岗位培训、知识更新教育和继续教育，尽可能地满足社会和经济发展的各种人才的要求。

强化开放办学的指导思想。联合国教科文组织发表的《德洛尔报告》中指出："如果大学能向所有希望恢复学习、接受和丰富知识或渴望满足文化生活的成年人敞开校门的话，大学就能成为人们一生中受教育的最好讲台。"世界上的许多国家通过开放办学使高校教育从精英教育转向大众教育，甚至普及教育。

我国高校教育由传统办学转为开放办学，一方面要大力发展远程教育和网络学校，采取"宽进严出"政策，向每一个人提供本、专科水平的高校教育。远程教育和网络学校由于不受时间和空间限制，更加适合各类在职人员的学习需要，必将取代部分传统高校教育的函授、夜学校和自学考试的多种助学方式，成为21世纪高校教育发展新的生长点。另一方面要充分利用高等院校是社会主义经济建设当班人这个得天独厚的优势，与企业、社会建立更为密切的关系，把学校办成教学、科研和经济建设的联合体，提高高校教育在市场经济条件下的办学效益和造血功能，使高校教育在自身发展壮大的同时，进一步提高为社会服务的功能。还要有强烈的国际意识，推进和发展高校教育的国际交流与合作，大胆吸收和借鉴世界高校教育的成功经验，使我国的高校教育建立起一个面向社会、放眼世界、兼收并蓄、博采众长的开放体系。

二、拓展德育教学的教学模式

从职业发展理论来讲，高校教育在德育教学上的问题，将影响职场个体的职业发展精神和职业道德素养的培育。但是高校教育对象的特殊性，决定了学生德育教学的艰巨性、复杂性。一般意义上的德育教学很难达到令人满意的效果，高校德育教学也成为高校教育中最为薄弱的环节。因此，创新基于职业发展理论的高校教育教学模式，应当积极拓展高校教育中德育教学这一重要组件。

（一）拓展德育教学的内容结构

现代德育是以社会现代化、人的现代化为基础，以促进人的现代化为中心，进而促进社会的现代化的德育。现代德育必然要反映现代社会中人自身道德发展的要求，反映现代社会发展的要求。因此，在围绕高校德育内容的构成上，应该更具广泛性、现实性。职业道德是衡量一个从业者道德水平高低的重要标尺，它影响和决定人们劳动的态度和方向，成为决定劳动者素质水平的灵魂，在高校教育内容中居于核心地位。另外，高校德育要指导受教育者运用科学先进的价值理念学会判断、学会选择、学会创造。随着科技、经济、社会的发展，人们的生活方式、价值观，包括道德观念、道德准则不断变化，原有的某些道德观念、道德规范有可能过时，不可避免地需要提出一些新的道德准则和规范。例如，在科学道德、信息道德、经济道德、网络道德、生态道德等领域特别需要具体的规范，特别需要道德的创造。因此，这也应该是高校德育教学的重要内容。

（二）拓展德育教学的教学形式

拓展德育教学的教学形式必须充分利用现有教学资源和条件，选取在教学中已经成形的教学方法和模式进行拓展延伸。

第一，应当充分运用课堂教学，开展德育教育。课堂教学是学生学习的主要形式。在课堂德育教学开展过程中，根据高校学生学习的特点，在教学计划和教学内容上，都要做特殊要求，教育内容应该根据市场经济的形势，适时调整德育目标。将以往的"完人道德"调整为"高等道德"教育。教育过程中要坚持先进性和普遍性相统一的原则，立足市场经济的实际，提倡"为己利他"的道德建设目标，把"利己不损人"作为道德底线，并且把健全的人格塑造放在德育工作的首位。同时，注重发挥学生的主观能动性，强化课堂师生双向互动，创造轻松、活泼的德育氛围，保证对学生开展有效的德育教育。可以聘请知名专家举办专题报告，作为特殊课堂形式，加强对学生人生观、职业道德、现代教育教学和传统文化的教育。总之，无论课堂内外，德育教育的目标和德育教育的重点应在学生健康人格的塑造上，使学生明了道德建设是人格修养不可或缺的一部分时，他们才能接受我们的教育。

第二，利用多媒体教学，强化德育教学效果。传统的授课方式无法满足现代高校教育德育教学的需要。因此，在德育教学过程中，要以鲜活生动的实例来感染学生。通过学生自主的情感判断来塑造道德榜样，唤起对道德善行的崇敬之情，在纷繁复杂的社会现象中找到自己的道德归属。注重现代教育技术的充分运用以及信息技术与学科资源的整合，充分利用电影、电视、教学录像等信息化、电子化、智能化的多媒体教学手段，借助于灵活多样、内涵丰富的声、光、图像等教学形式的直观冲击力，增强学生的兴趣，使学生的认识更加深刻，产生事半功倍的理想教学效果。此外，可以利用网络以及远程教学发挥网络教学的优势，拓展德育教学空间，克服高校教育教学时空上的局限性，整合课堂教学和多媒体教学的优势，充分发挥网络资源在教育教学中的作用；借助网络实施网络教学，可以将专家、学者的精彩专题报告、德育教学录像制作成教学辅导光盘在教学辅导网站上和有条件的教学点进行播放。

生动、灵活、便捷的德育教学形式克服了高校教育时空上的制约，发挥了网络便捷、高效、涵盖广、辐射面大的优势，最大限度地拓展了德育教学空间，为广大学生提供了全天候的德育教学服务。

（三）拓展德育教学评价体系

基于高校教育的特殊性，高校学生的德育考核评价有别于其他一般的考核，具有自身的特殊性。因此，凡是列入教学计划的内容，可以通过知识考试的手段进行考核评价；对于学生的思想观念的考察，可以通过日常管理中的操行鉴定来考核评价；对于学生的行为考核主要由学生的院系教师出具考核鉴定和进行跟踪问卷调查。另外，为了充分调动广大高校学生的积极性，鼓励他们在思想上、学习上积极进取，可以建立评优奖励制度，进行精神和物质奖励；对表现差的学生进行批评教育。通过长期的探索以及多年以来高校教育的实践，制订一系列评判原则和标准，建立以职业发展为基础的高校教育德育教学全方位评价体系。

（四）拓展德育教学的管理网络

高校教育的德育教学是一项复杂的系统工程，必须要动员主办学校、学生家庭等全方位参与，才能实施有效的组织管理。主办学校根据国家的有关规定，结合高校教育的特点，制订德育教学计划，科学、规范、可行的评价考核标准以及考核措施，如班主任配备，班级临时的党、团支部活动安排等，负责德育教学的实施和知识考核。学生居住的社区和学生所在单位承担着对高校学生的平时监督、检查作用，负责平时的思想政治教育。高校学生所在单位具体负责学生日常行为、思想观念等方面的鉴定意见。通过三个环节的协调一致，才能形成高校德育教学的组织管理网络。

三、确立多元化的教学模式

创新基于职业发展理论的高校教育教学模式，需要以高校教育学生的职业发展需求为导向来设计多元化的教学模式，创造一种超越时空限制的弹性化学习机制。确立多元化的高校教育教学模式，必须体现高校教育特点，以高校教育的生活、需要与问题为中心，突出能力培养与多种教学范式综合运用的教学活动与形式。新的教学模式应强调个体的思维能力和动手能力，而非只学习基础知识，强调解决问题的能力，强调培养学生面对快速变革的职业生涯和多元的价值取向所应具有的包容能力和理解能力。在课程建设目标上，要更加强调综合能力和建立在个性自由发展基础上的创新能力。在教育建设中注入科学精神和人文精神，以滋养和陶冶学生的性情，帮助其顺利走上职业发展道路。

按照教学对象的细分，我们可以把多元化的教学模式分为以学生为主产生的教学模式、学生为业余产生的教学模式、学生为函授生的教学模式。对于第一种即以学生为主产生的教学模式，其教学目标为系统地掌握知识、方法和技能，综合素质全面提高，其教学内容为基础理论＋专业理论＋专业技能，其教学方法与手段为课堂教学法（主）＋试验实践教学法（主）＋网络教学法（辅）。对于学生为业余产生的教学模式，其教学目标为较系统掌握知识要点，具备从事专业岗位的知识结构与知识适用能力，其教学内容为基础理论＋专业理论＋理论运用，其教学方法与手段为课堂教学法（主）＋网络教学法（辅）。对于学生为函授生的教学模式，其教学目标为了解一定的理论知识要点与基本具备进一步提高的能力，基本具备知识要点使用能力；其教学内容为基础理论＋专业理论＋理论适用；其教学方法与手段为网络教学法（主）＋课堂教学法（辅）。

在具体的实践中，确立多元化的教学目标应注意以下两点。

第一，确立多元化的教学模式应突出学生的能力培养。函授生、业余生来源于生产、服务、管理第一线，具有较强的实践工作经验，但理论知识相对缺乏，因此需要通过专业知识的学习与深化，强化理论知识与实践的结合，培养专业技术知识的综合运用能力，而产生的学习目的是适应市场变化新形势，通过学习找到较满意的工作。因此，高校教育教学模式必须体现以高等需求为中心的"突出能力培养"的目标。

第二，应提倡跨时空的教学形式。高校教育学生的工学矛盾突出，文化基础差异较大，这为教学组织和教学质量的提高增加了困难。而以网络为基础的教学手段则有效地解决了以上问题，一方面，网络教育不受时空限制，从而为学生提供了跨时空的学习环境。另一方面，网络教育作为一种教学补充，有利于基础较差者的知识补充。因此，多元教学模式必须具备"虚拟学习环境与学习社区"功能。

第三，确立多元化的教学模式，应转变教育观念，改革和创新教学方法，采用适合高校学生心理特点和社会、技术、生活发展需要的教学方法。

四、引入校企合作的教学模式

在高校教育过程中，由于部分高校学生身份的特殊性，他们往往要兼顾学习和工作的双重压力，难以在两者之间恰当地分配时间、精力，形成较难解决的工作学习矛盾。另外，就职业发展理论而言，高校教育教学模式必须考虑到学生的职业发展需求是以学习专业理论和专业技能为主。为了找到学习和工作之间的平衡点，并提高学生的实践动手能力，有必要引入校企合作的双元制教学模式，以夯实学生的职业发展道路。

（一）建立校企联动机制

合作的前提是信任和需求，关键是寻求联动的结合点，否则难以形成合力。从前面的分析中我们已经清楚地意识到，校、政、企三方都有实施教育的愿望和条件，这就给创建"学校主办、企业和政府协办或督办"的共同办学联动机制铺平了道路，也为实施校、政、企合作培养人才模式扫清了障碍。

对于学校、政府、企业而言，发展是大家关注的焦点。因此，校、政、企联动的逻辑起点应该是发展。学校发展主要体现在人才培养上，政府（社会）、企业发展需要人才，人才就成为双方或多方联动的结合点。要让学校、政府、企业围绕人才培养走到一起，必须建立有效的联动机制，包括管理制度和运行模式。必须建立以现代信息技术为依托的网络交流平台以及信息员联络制度和信息发布制度，畅通对外宣传和信息沟通渠道。

（二）规范校企管理模式

双方或多方合作，必须以合同或协议的形式建立一种有约束力的办学关系，明确双方责任与义务，从而确保合作的有效性和规范性。同时，必须充分尊重高校教育规律和高校学生特点以及政府、企业的实际需要，建立以主办学校为主、政府和企业参与的教学管理制度，共同商议、决定重大事宜，合理安排各教学环节，确保教学质量，达到规范性与灵活性的完美结合。在办学实践中，我们实行的是项目管理，即由学校高校教育主管部门和政府、企业负责人组成项目管理组，共同研究制订培养计划、管理制度并组织实施。在具体的教学实施过程中，校、政、企各方紧密合作，及时掌握教学情况，有力地保证了人才培养质量。

（三）合理设置培养目标与教学计划

高校教育培养适应生产、建设、管理、服务第一线需要的德才兼备的应用型高级专门人才，要实现这个培养目标，关键是要制订一个以较高层次的技术应用能力为主线的培养方案，构建科学、合理的课程体系，确定学以致用的教学内容以及与学生的职业发展、从业岗位密切相关的实践教学环节。因此，必须彻底改变沿袭普通高校教育的人才培养模式，建立"学历＋技能"的学科课程与技能培训相结合的课程体系。学生来自各行各业生产、管理、服务一线，有的还是管理和技术岗位骨干，对职业、技术及其所需知识有着深刻的认识。学生所在单位和部门也希望自己的员工能学有所获、学有所成、学以致用。因此，我们在制订教学计划时，应该充分利用学生及其所在单位这一宝贵资源。让学生和社会各界充分参与到教学计划制订和课程设置中来，使我们的教学计划、教学内容更具针对性和实用性。实践证明，高校教育校、政、企合作人才培养模式是一种多方共赢的人才培养模式，也是高校教育事业可持续发展非常有效的一种模式，随着科技、经济、社会的持续快速发展它必将拥有一个美好的前景。

校、政、企合作之路还在探索之中，许多深层次问题还需我们在实践中不断地探索，如合作模型与运行机制问题、学历教育与技能培训关系问题、学生考核与评价问题等。我们必须在实践中改革创新，拓宽运作思路，主动走出校门，将高等高校教育真正办成面向社会的开放式教育，为社会各界、企事业单位提供更好的教育服务。

五、以学生为教学中心

职业发展理论的核心是职场个体的职业生涯发展，说到底是以人为中心的考虑点。因此，基于职业发展理论的高校教育教学模式的创新也应当坚持以人为中心的价值取向。"大学之道，在明明德，在亲民，在止于至善。""亲民"和"至善"从主客观方面都体现了人本思想。坚持以人为本，树立全面协调可持续发展理念，体现在高校教育教学中主要是坚持以学生为中心，以人的教育为出发点，以人的教育为归属。

这就意味着高校教育的教学评价必须着眼于人的发展，着眼于社会对人的多元化的需求，而不能局限于知识的考核。基于职业发展理论的高校教育教学模式，要体现以学生为本的思想，就必须尊重学生的评教权，尊重学生对教学过程的选择权，缺少这两者，就无法做到以学生为本。高校教育学生在接受教育时，他们不需要被动接受一些对他们没有用的知识，而是需要搜索对自己有价值的知识。他们需要的是一种自我的选择知识和构建知识的权利。因此，创新基于职业发展理论的高等高校教育教学模式应当坚持以学生为教学中心的价值取向。

基于职业发展理论的高校教育教学模式应以学生的实践动手能力为基本的评判标准。众所周知，高校教育与普通高等教育同属高校教育的范畴，它们有共性，但毕竟是两种不同的教育形式，有着它们自身独特的个性。但时至今日，仍有相当多的人以普通高校教育的观念、普通高校教育的模式、普通高校教育的标准来套用、衡量高校教育，力求在质量与规格上与普通高校教育"同类""同质""同轨"。这在学生的就业与求职中表现得最为明显。高校出于对学生前途着想，只好在日常教学与考核上，变求同存异为全同不异，导致高校教育慢慢被普通高校教育同化。踏入职场，接手工作岗位，对于缺少高等学历文凭和高等文化教育的他们来说，扎实学习一门专业学科并培养较强的实践动手能力，才是他们在职场上安身立命之根本，并且以此作为日后职业生涯发展的基石。因此，创新基于职业发展理论的高校教育教学模式应当坚持以实践能力作为评判标准的价值取向。

第三章 新时期高等教育发展

几百年来，高等教育的职能、结构、内容发生了许多变化，每次变化都与社会的政治、经济、文化变化密切相关。

为此，我们需要建立一批高水平的高等学校，更需要建立促进高等学校主动适应社会发展的体制与机制，培养有中国特色的高素质人才。

我国现代高等教育是以 1895 年北洋学堂（即今天津大学）的创办为肇始，时至今日已有 100 多年的历史。处在当今变革时代的大背景下，高等教育从来没有像今天这样受到诸多方面的挑战，在全球化浪潮的冲击下，知识经济的兴起、市场经济的建立、新公共管理的实践都使得高等教育正在向更密切的外部联系和更复杂的内部结构的方向演变。高等教育的本质、内容、形式、理念等也在发生深刻的变化。

第一节 全球化与高等教育

全球化作为一个新的现象，是 20 世纪末期以来整个世界范围内正在发生的一个巨大变化，它对人类社会的许多方面产生深远的影响，受到全世界的普遍关注。全球化最初以世界经济一体化为外在表现和终极目标，随着全球化潮流的推进，它逐步波及思想文化、价值观念、意识形态乃至人的发展等人类社会生活的各个领域，从而衍生出了高等教育全球化的话题。

一、全球化的内涵

全球化一词，是一种概念，也是一种人类社会发展的现象过程。对于什么是全球化，迄今并没有统一的定义。一般认为，全球化是指超越民族国家界限、在全球范围内发生的相互融合的现象，包含经济、政治、社会、文化等多方面内容。不同领域的人对全球化有各自不相同的理解，甚至存在明显的分歧和争议。从目前国内外理论界关于全球化的概念看，我们可以了解到政治、经济、文化、技术、信息、历史、地理、文明等方面的众多见解，每一种见解都揭示了全球化的某种质的规定性，但每一种见解又不足以概括全球化的总貌。

因为全球化是一种十分复杂的现象。它既是一种状态，更是一个过程；它既突出地表现在经济、政治领域，也反映在文明、文化领域；它既是物质层次的，也是精神层次的；它既是人类社会系统中各单元要素的同构，也是同构中各单元要素的确证。因此，我们对全球化只能以描述的方式加以表述，将之看作是全球范围内各地域、各民族、各国家之间联系的日益紧密和相互作用的日益加强，从而影响和改变着人类运动方式，特别是生活方式和思维方式。

全球化现象最早始于 20 世纪 40 年代末的经济领域，由于经济全球化最为明显，因此全球化常常是指经济全球化。经济全球化首先是以部分国家将部分经济权力为共同利益而让渡给经济一体化组织，根据共同利益，按照一定的规划来行使权力。

20 世纪 80 年代以来，由于科学技术的突飞猛进，特别是现代通信及信息网络、大规模现代化运输工具的发展，跨国公司的生产和投资活动拓展到全球。跨国公司是经济全球化的主体，其生产和投资活动的全球化，带动了资金、技术、信息、人力资源等生产要素在全球范围的流动和服务，促进了资源在全球范围的有效配置，最终导致了全球一体化市场的形成。

因此，国际货币基金组织（简称：IMF）将全球化概括为：通过贸易、资金流动、技术创新、信息网络和文化交流，使各国经济在世界范围高度融合，各国经济通过不断增长的各类商品和劳务的广泛输送，通过国际资金的流动，通过技术更快更广泛的传播，形成相互依赖关系。

经济全球化过程自然不是全球化的全部，由于经济过程离不开与之相适应的制度、文化和权力结构及其演变，因而全球政治、社会、文化等也出现相应的变化。

20 世纪末开始的以互联网为代表的信息技术，使各国政府、各国人民之间的联系日趋密切。以跨国公司为推手的经济全球化，以金融创新为主体的金融技术因素所导致的金融全球化和以信息技术拉动的信息全球化，最终推动经济全球化和政治全球化。随着人类的互动程度越来越高，联系越来越密切，全球化成为不可逆转的一种趋势，是世界历史的进程。

二、全球化对高等教育的影响

全球化对高等教育及文化等领域的交流与发展也产生深刻影响。各国通过教育的国际交流、教学和科研合作、跨国办学、扩大留学生规模等手段，提高本国高等教育在国际范围内的竞争力，争夺全球范围内的人力资源。21 世纪初世界各国纷纷调整本国的高等教育发展战略，力争在全球的教育市场中发挥重要作用。

（一）经济层面

全球化促进了时间和空间的压缩，进而促进了商品、资本、劳动力、服务和信息的国际化流动，并导致新的劳动力划分、国家与市场之间的权力变化、跨国界的生产系统和激烈的国际竞争。在这种新的经济模式下，经济的网络化、全球化和知识化强烈冲击，并更新了传统的产业结构，导致劳动力结构的重新划分和对劳动者技能的新要求。所有这些，都从社会需求的角度迫使高等教育进行根本的改革。

1. 高等教育与经济发展

对国家而言，国际经济竞争不能永远依赖廉价的劳动力和低成本的制造业，必须同时发展知识含量高、产品附加值高的制造业和服务业。为此，各国在制定政策时都把提高其人力资源的质量摆在重要位置，以期在全球经济竞争中赢得最大利益，因而高等教育已经成为国家经济发展的关键所在。

在新的高知识含量和高附加值生产系统和提高生产力、竞争力渐成主题的经济形势下，劳动者依照其接受教育的多少和质量高低，分为可自我设计的（高技能的）劳动者和普通的（低技能的）劳动者。尽管低技能的劳动力用非常低的费用就可以雇佣到，但商品的生产以及经济活动的决策越来越多地需要高素质、可自我设计的人员。经济活动中这两类劳动力之间的比例成为决定国家和企业国际竞争力的一个主要因素。

2. 增加接受高等教育的人数

要提高劳动者的素质，塑造出可自我设计的劳动者，更重要的是学校教育要满足社会对劳动者技能不断提高的要求，包括那些能使年轻人适应不断变更的工作环境的能力、社会交往能力、处理信息能力、团队工作能力以及运用所掌握的知识和信息在不同环境中解决新问题的技能。

因此，传统的高等教育和大学学习方式正面临着严峻挑战。大学仍然是教学和学习之地，但是学习本身的概念发生了变化。学习已不仅是获得定义、事实等现成的知识，更主要的是创造知识的过程。鉴于知识正在成指数增长，大学能给予学生最好的教育就是让他们学会学习，包括不断重新定义工作中所需新技能的能力，以及为掌握这些技能寻找和学习相关知识的能力。有学者建议：大学课程的核心将是学习灵活的和跨门类的技能，同时要把注重学生个性特点的发展融入课程的设计中；要培养学生在社会生活中获得知识的能力；大学要成为给准备变更职业的劳动者提供教育和服务的机构。

3. 提供终身学习

经济全球化的另一个结果是制造业从业人数的减少，与信息相关的经理、专业人士和技术人员以及"白领"阶层的增加，服务业逐渐成为经济结构中的重要组成部分。除数量增长外，服务业的内容也在趋向以客户需要为中心，服务业的工作机构要依照工作任务、客户类型和项目对工作人员进行管理。为此，工作人员必须根据不断变化的工作需求，及时学习新的知识和技术。服务业结构的这种变化将会结束"固定工作"或"长期工作"的观念，因为人们不仅要经常更换工作岗位和工作任务，甚至很可能更换他们的职业。

在这样的形势下，就业能力就不仅是找到一份工作的能力，更重要的是维持这份工作，并因需要而随时更换工作的能力，因而终身学习已成为社会的紧迫需要。高等教育不仅要为不同的职业筛选和培养人才，更要为人们今后不断变动的工作或职业打好基础和提供服务。

4.高等教育中引进市场机制

全球经济竞争从一定程度上制约了国家共用经费支出，为满足日益膨胀的高等教育系统的需要，国家试图去寻找其他的经费来源，而不是一味地增加教育公用经费。相当多的政府在高等教育中引进市场机制并鼓励私立教育发展。另外，政府也尝试用扩大招生和调整院校结构等办法来提高教育资源的使用效率和效益。国家在把更多权力赋予高等院校的同时，也会要求高等院校承担起更多的责任，包括分担教育经费的责任。

（二）文化层面

崭新的电子通信系统营造出全球范围内的虚拟社区。在此基础上，不同社会群体的兴趣、政府的政策、商业的运营策略等能更为便捷地传播，由此导致世界文化的广泛交流和融合。由于国际的共同利益和人类文化的交融性，世界文化正在趋同。通过全球性和本土文化间的相互影响和渗透，一种或显或隐的新的杂交文化正在形成。在此过程中，国家常常被夹在文化全球化和保持自身文化本色的对抗中。

近年来，不同国家和地区间的文化差异以及相互不理解导致的冲突和矛盾的例子屡见不鲜。为保障全球经济的正常发展，一个和平的政治环境是不可或缺的重要前提，为此，一个国家在保持自身文化本色的同时，理解他国文化和尊重和平就显得尤其重要。高等教育的文化功能之一，就是帮助人们认识不同民族文化的特性和人类文化的共性。全球化在文化领域对高等教育的影响远比其在政治和经济领域的影响复杂，因为世界文化的多样性大大超过了政治和经济模式的纷繁多样。

虽然与政治、经济相比，文化并没有在高等教育发展中起支配性作用，但它渗透到高等教育的方方面面，并且以潜移默化的形式影响到人们的价值观和意识形态。有学者称，文化传统或促进或阻碍高等教育的发展，取决于高等教育的需求是否与文化传统一致。

真理是在不同思想交锋中确立和发展的。因此，在高等教育中，采取思想自由、兼容并包、百家争鸣、百花齐放的态度，是回应全球化挑战的必然选择。

全球化是全方位的历史性变革，在政治方面的影响引发了国家、社会和高等教育关系的重新定位，在经济方面的影响进一步表明了市场在高等教育中的价值，在文化方面的影响唤起了公民的自由意识和反思意识，有助于兼容并包的高等教育环境的形成。

与此同时，我们也应认识到，虽然多数国家都受到全球化观念的影响，但是由于每个国家的政治体制、经济结构以及文化传统各不相同，回应全球化趋势的方式也各有特色。目前还没有任何一种模式的高等教育改革可以完美地应用在两个以上的不同国家，这也是高等教育研究人员必须认识到的。

三、全球化给我国高等教育带来的挑战

与世界高等教育的发展相比，我国高等教育起步较晚，但是发展迅猛，具有鲜明的中国特色。全球化对我国高等教育的冲击可以从经济全球化、政治全球化、文化全球化和科技全球化四个方面概括。

（一）经济全球化对我国高等教育的影响

经济全球化使人才市场趋向国际化，一个世界性的人才流动市场正在形成。由于经济周期的作用，未来我国大学生就业市场会随着全球经济周期的波动而波动；另外，发达国家或跨国公司为吸引发展中国家的优秀人才尤其是高校人才，将会制定优惠措施。这对目前缺乏市场化运作经验和人才的我国来讲，不啻是一大挑战。

1. 经济全球化对我国高等学校人才培养目标提出了更高的要求

我国高校的人才培养目标亟待调整。为适应全球经济一体化，大学生必须懂得国际上有关的经济规则，具备相应的经验和能力，才能在就业市场上取得成功。过去，我们高校的人才培养缺乏全球化的眼光，我们的毕业生缺乏走向世界的素质和才能，这对加入WTO（世界贸易组织）后不断融入全球经济一体化的中国来讲非常不利。

2. 经济全球化对我国高校的教学内容和方法必然产生影响

目前全球化的规则、制度、惯例、标准等不仅苛刻，而且不为我们所熟悉。我国高校有必要也应该及时改革教学内容和方法，让我们的学生了解这些规则、程序和技术标准，以适应我国参与全球化的需要。

3. 经济全球化将使我国高等教育投入的渠道多样化

如科研经费来源国际化。跨国公司为追求利润最大化，扩大影响，会寻求在我国投资办学或合作办学、开设研究所的机会。另外，许多发达国家的非义务教育早已通过市场化来运作，他们适应市场的能力远远超过我们。这将促进我国一些高校加快与国际接轨的速度，但也对我国政府提出了一个如何从宏观上促进高等教育发展的新课题。

（二）文化全球化对我国高等教育的影响

当代多向的、多层次的文化互动冲击着各个国家、地区和个人。文化全球化进程不都对等，其中也有许多不平等的互动，但其趋同性和多样性、世界性文化和民族性文化并存的规律依然在发挥作用。

高等学校是人类文化的传承地，文化全球化将使高校成为世界各国文化交流的中心，

如翻译介绍外国文化、开设外国文化课程、互派留学生、建立各种文化宣传网站等措施，将促进我国社会主义文化的发展和创新，增加我国大学生对不同文化的理解和适应。但是良莠不齐的文化信息将使大学生的价值选择和判断的难度增大。

文化全球化意味着不同地区、国家和社会制度的文化、思想、观点、信息将在我国高校迅速传播，外籍教员、外国留学生人数将迅速增加，我国大学生与外国的交流将大量增加，大学生的视野将更加开阔。这对缺乏成熟价值观的大学生来讲，是一个难以驾驭的问题。因此，过去我国高校单一集中的教育模式在多元文化环境里受到了挑战，如何创建和运用开放有序的校园文化环境来潜移默化地感染学生、教化学生，是值得我们教育工作者深思并需解决的问题。

我们要将文化全球化和本土化更加有机地结合在一起，这是我国高等教育进行文化创新的一个重要课题。我国是一个历史悠久的文化大国，在全球化的机遇下，更应积极地向全世界介绍我国优秀的民族文化。

（三）科技全球化对我国高等教育的影响

作为融入世界大家庭中的一员，我们有必要从多角度运用多种理论和方法，认识和解决全球性的环境、社会、经济和政治等问题，从而有利于我们在国际舞台上的竞争与合作。这便要求我国高校设立跨学科的新专业，培养各类人才。

信息技术的迅猛发展使高等学校的教育与管理方式发生深刻变革，同时使虚拟大学（远程教育）的出现成为可能，虚拟大学将大大加快我国高等教育大众化和终身化，改变传统的高等教育模式，其意义非同一般；全球互联网也使全人类的优秀文化、科技资源真正成为共享，给我国不同地域（甚至偏僻农村）更多需要教育和培训的人提供了前所未有的机会。

如何根据现代信息技术的发展来整合教育资源，实现我国高等教育的大众化，如何处理现代信息技术背景下的师生关系，如何改革教学模式等，这些问题都有待我们解决。

高等教育的发展不仅意味着数量的增加、质量与效益的提高，更意味着适应性的提高。面对全球化，我国高等教育应着眼于国际市场的供需状况，处理好全球化与本土化的关系，处理好保护、引进与输出的关系，合理地配置教育资源，调整专业设置、培养目标与课程体系，建立与国际接轨的高等教育质量认证制度，建立和完善我国高等教育市场体制，提高我国教育服务的竞争力。

第二节 知识经济与高等教育

知识经济的悄然兴起，既是一场巨大的经济转型，更是一场深刻的社会变革，必然对整个人类的价值观念、思维方式、生产方式和生活方式产生重大影响，也必然对高等教育产生全方位的冲击。知识作为高等教育的逻辑起点是联系高等教育与知识经济的纽带。

从教育的外部关系规律来看，知识经济引导和推动高等教育的改革与发展，高等教育的改革与发展又促进知识经济的发展，两者存在互动性。从教育的内部关系规律来看，高等教育的育人活动需要知识经济的物质保障，知识经济实现可持续发展需要高等教育育人活动的精神保证，两者存在互补性。

一、知识经济概述

一般认为，"知识经济"经济合作与发展组织（OECD）在年度报告《1996年科学、技术和展望》一书中提出的，是"以知识为基础的经济"。知识经济是建立在知识和信息的生产、分配和消费之上的经济。归纳起来，"知识经济"有这么几层含义。

（1）知识经济以现代科学技术为核心，是建立在知识和信息的生产、存储、扩散和应用之上的经济；

（2）知识经济是以知识作为生产力发展的最主要因素的经济；

（3）知识经济是以高技术产业为支柱，以智力资源为依托，兼顾长远利益的可持续发展的经济。

这几层含义虽然阐述的角度不同，但它们的本质特征却一致，即都指建立在对智力资源（人才和知识）及其无形资产（信息、技术、发明和创造等）的占有和配置，以及对知识产品的生产、分配和消费基础之上的经济。

（一）知识经济对智力资源及其无形资产的占有和配置

知识经济实际上是指对各类人才、知识以及各种信息、技术、发明和创造的拥有和配置。它不同于传统农业和工业经济对稀缺自然资源（土地、石油等）的占有和配置。

人才可以通过交换和流动而被任何企业和单位所拥有；知识和无形资产可通过制成软件、产权转让或复制而被全世界的人同时享用；智力资源以及无形资产的配置，虽仍以市场配置为主体、以市场调控为机制，但它是借助计算机网络和有关媒体来完成的，因此其配置方式表现出更快捷、更有序和更合理的特点。

（二）知识经济对知识产品的生产

知识经济对知识产品的生产既包括对理论类和经验类知识产品的生产，也包括对技术类知识产品的生产。

1.理论类和经验类知识产品

理论类和经验类知识产品是指能给高科技产业带来经济效益的各种思想、观点、信息、原理、发明和创造等"无形产品"。这些"无形产品"是在高校和科研院所中，通过对各种理论类知识和经验类知识的创新、总结、综合、筛选和加工后最终"生产"出来的，它们虽不以实物形式而存在，但却凝聚了各种物化劳动在其中，因此具有特殊的价值和使用价值，此类产品可以不断地再生产和复制。

2. 技术类知识产品

技术类知识产品主要是指像克隆技术产品、太阳能技术产品、受控热核聚变能技术产品和数码科技等"实物产品"。

这些产品在高科技产业中生产，通过把科学知识（或把理论和经验类知识产品）转化为技术和现实生产力并融入实物产品中而得到，此类产品更为轻型、附加价值更大、生产成本更低。

（三）知识经济对知识产品的消费（使用）

知识经济对知识产品的消费（使用）实际上就是指对以上各类知识产品的消费或使用。关于理论类和经验类知识产品，具有可重复、可复制和可传播的特点，因此对此类产品的使用，在一定时期内会随使用次数的增加而增值，可以不断地再生产和不断地增值，但随着知识老化和更新周期的缩短，对这类知识产品的使用也有时限。

而对科技知识产品的使用，较之对传统商品的使用更为质优、耐磨、清洁和方便，它在较长的使用期内，不会因使用次数的增加而消失、转化和折旧。

从以上对知识经济的本质特征的分析来看，它是作为一种崭新的经济形态呈现在世人面前的，因此其产生、发展和繁荣，终将离不开对知识本身的创新和有效信息的积累与利用，而知识创新又必须以高等教育的发展为依托，两者互相促进，共同发展。

二、知识经济与高等教育的相关性

知识经济是以知识为战略主体的经济，是以信息化、网络化为发展基础的经济，是以创新为内在动力的经济，是以人才为关键要素的经济，是以高科技产业为支柱产业的经济，是以科技园区为新的社会构成要素的经济。这些特征决定了它与教育，尤其是高等教育之间必须具有极为密切的相互信赖、相互促进的关系。

高等教育不仅孕育了知识经济，而且成功地推动了知识经济的发展。与此同时，知识经济的发展也进一步推动着高等教育的革新与发展。时代的发展需要创新，知识经济在创新中不断对高等教育提出新要求；高等教育在不断的改革与创新中，适应和促进知识经济的发展；两者正是在这种相互依存、相互促进的过程中，形成一种良性互动关系，共同推动人类社会的进步与经济的繁荣。

（一）知识经济与高等教育的关联性

从高等教育的逻辑起点分析，知识经济与高等教育具有紧密的关联性。

1. 知识是高等教育的逻辑起点

这是高等教育与知识经济联系的可能性。任何一门学科都有一个相对独立的逻辑起点，该门学科的内在规律都围绕该逻辑起点运行。诚如经济学以商品为逻辑起点，生物学以细胞为逻辑起点，教育学是以知识为逻辑起点，高等教育学作为高等教育科学的理论形态，同样也有一个逻辑起点，这个逻辑起点不是其他，也还是知识，只是这种知识相对于普通教育的基础性知识来说具有专业性。也就是说，这种知识没有本质上的变化，只有程度上的变化，而且这种程度只是相对的、历史的，不是绝对的、永恒的。

知识是高等教育的逻辑起点，从高等学校的教学过程来看，教学过程既是一个认识过程，也是提高受教育者各方面素质的过程。前者表现为教师通过一定的教学手段，将加工整理的教学内容传授给受教育者，这实质上是知识的整理和传播过程；后者表现为受教育者在教师的指导下，将一定的教育内容转化为自身内在素质的过程，这实质上是知识的内化过程。在这两个子过程中，虽然会出现多项任务和多种矛盾，如掌握"双基"、发展智力、培养道德品质、增强社会实践能力等多方面的任务及其相互关系，但其中心问题仍然是知识的选择与传承、知识的领会与掌握。

2. 教学过程实质上也是知识的整理、传播和内化的过程

如果说以上从高等学校的教学过程来分析，是从纵截面考察高等教育的逻辑起点，那么从高等学校的社会职能来分析，则是从横断面来考察高等教育的逻辑起点。从高等学校的社会职能来看，高等学校的社会职能主要有三方面：培养人才、发展科学和直接为社会服务。

（1）从培养人才方面来看，受教育者在受教育前后个体素质有所差别，这种素质的差别正是知识内化的结果。一个人在受教育前是一个劳动者，受教育后也是一个劳动者，但两者却有质的不同，前者可能是一个简单劳动者，后者却能成为一个复杂劳动者。实现简单劳动者向复杂劳动者转化的根本原因是，受教育者接受了一定的科学文化知识，并将其内化为自身相对稳定的个体素质。所以，知识是实现人力向人才转变的根源和内在逻辑。

（2）发展科学在高校主要体现为科研活动，这本身就是知识的生产活动。

（3）从直接为社会服务方面来看，这种服务不同于其他社会机构提供的简单劳动力或一般的加工制造品的服务，而主要是利用高校的人才优势、智力优势、科研优势为社会直接提供教学与科研服务，这实质上是知识的传播与应用活动。可见，高等学校的社会职能在本质上表现为知识的生产、传播和应用过程，表现为知识的选择、传承和内化过程。

知识经济针对农业经济和工业经济提出来，其划分标准是依据该种经济形态赖以存在和发展的基本资源与生产要素的结构及其特点。例如：农业经济对土地、劳动力依赖最大，对知识和资本依赖较小；工业经济对土地、劳动力依赖较大，对资本和知识依赖更大；而知识经济对土地和劳动力依赖最小，对资本尤其是知识的依赖更大。从前面的分析可以得

知，高等教育活动实质上是一项知识的传播与内化活动，是一项知识的生产、物化与应用活动，知识是高等教育的逻辑起点。

3. 高等教育与知识经济达成联姻，知识成为两者联系的纽带

高等教育的逻辑起点是知识，但不是一般的知识，而是高深知识，其中包括高新科技知识，这是高等教育与知识经济联姻的必然性。高等教育是建立在普通教育基础之上的专业教育，它所传播的知识是在普通教育传播知识基础上的再选择、再深入，它所生产的知识是促进现代生产发展的高新技术知识和反映当代学术热点的高深理论知识，它所物化的知识是造就高精尖专门人才的知识和创造面向现代化的科研成果的知识。其中，最具有时代精神和现实价值的知识是高新科技知识。

4. 科学技术是第一生产力

知识经济中的"知识"在经济学界虽然没有统一明确的界定，但普遍都默认为是高新科技知识，许多关于知识经济的界定都提出了知识经济是一种以高新科技为基础、以创新为灵魂的经济。而在教育学界，知识经济中"知识"的含义变得泛化和混沌，往往还成为争论的焦点和研究的重点。确定知识经济中的"知识"到底所指什么知识，可以从两方面来分析。

（1）从知识经济提出的历史背景来看，知识经济是在信息技术和高新科技的快速发展对社会产生了重要影响的情况下提出来的。许多人把比尔·盖茨的成功看作知识经济出现的标志，因而它强调的不是知识的经济行为，而是知识的经济作用，即不是从把知识作为商品的角度而提出，而是从知识在生产力发展和经济发展中的作用和地位的角度而提出。

（2）从知识经济的对立面或对应方来看，它是针对农业经济和工业经济提出来的。三种经济形态划分的标准是各生产要素和基本资源在经济发展中的构成和作用，知识经济是以知识为最基本的资源和最核心的生产要素的经济，知识成为推动和牵引经济发展的先导力量和决定性因素。

也就是说，这种知识不是一般的知识，而是能够纳入生产函数，并且作为第一生产函数的知识，是推动生产力发展的最具决定性和关键性作用的知识，因而它同样是强调知识在促进生产力进步和经济发展中的作用和地位。"科学技术是第一生产力"，从这个意义上说，知识经济指向的知识是高新科技知识。可见，知识只是实现高等教育与知识经济联姻的可能性，只有高新科技知识，当然也包括现代管理科学知识，才能实现两者内在的、固有的和必然的联系。

5. 知识经济的高科技知识与高等教育的高新科技知识是统一的

在知识经济时代，知识经济的高科技知识和高等教育的高新科技知识既有共同之处，又有不同之处，但两者是统一的。知识经济中的高新科技知识不是一般的科技知识，而是

对现代化大生产起决定性和革命性作用的应用性科技知识。高等教育中的高新科技知识包括对现代生产起决定性和革命性作用的应用性科技知识，也包括不能直接纳入生产函数的基础性高深科技知识。

从某种意义上来讲，基础性理论与应用性、技术性理论是源与流的关系，高新科技知识的不同理论形态，都属于科技知识的范畴。

6. 在知识经济社会条件下，高等教育成为经济社会的中心

农业经济时代，大学游离于经济社会之外；工业经济时代，大学处于经济社会的边缘；只有到了知识经济时代，大学才被推向经济社会的中心。

知识经济是特定历史时期的一种经济形态，高等教育却在三种不同的经济形态中存在，而且在每一种经济形态社会，尤其是工业经济与知识经济社会中，高等教育提供的科技知识在当时历史条件下都可谓高新科技知识，这是因为不同的经济形态中高等教育提供的高新科技知识对生产力发展和社会进步的作用和地位不一样。高等学校能否提供一定的高新科技知识，既取决于社会发展的需要，又取决于高等教育的价值取向，但归根结底取决于社会生产力的发展水平。

因此，高等教育步入社会的中心不仅需要一定的历史条件，同时也是历史发展使然。

（1）农业经济时代，由于生产力水平低下，人们认识世界和改造世界的能力不高，因而不能超越历史的限制而形成反映客观物质世界的科技思想和成果，高等学校也难以从社会吸纳这些知识，转而成为"专注于探究治世之法和天理人伦之道的'象牙塔'"。

由于社会与高校之间几乎没有科技知识的交流活动，高校也就无法向社会贡献科技成果和科技人才，那时社会的科技创新几乎大都产生于各种物质生产部门，如作坊、厂矿等。

（2）工业经济时代，生产力有较大发展，人们认识世界和改造世界的能力有较大提高，形成了许多反映客观物质世界的科技思想和成果，高等学校吸纳这些科技知识转变为教学内容，并内化为学生的个体素质。高校在从社会吸纳一定数量科技知识的基础上，又通过高校和学生的继承和创新，最后以科技知识增量的形式回馈社会，随后又进入下一轮循环。

但是，那时科技知识还没有成为推动生产力发展的决定因素，生产力的提高和经济的发展很大程度上还依赖于资本和劳动力，高等学校中各种以知识形态、物化形态或个体素质形态存在的科技知识也就不能成为工业经济发展的核心要素。

（3）知识经济时代，生产力获得了空前提高，人们认识世界和改造世界的能力有了释放，形成了许多能够决定生产力提高和经济社会发展的科技知识，这些科技知识所蕴藏的生产资料是传统生产资料的上亿倍、亿万倍，因而成为生产力提高和社会经济发展最重要的资源和最核心的生产要素。

高等学校通过吸纳这些高新科技知识，转化为教学内容，内化为学生的个体素质，或者在继承的基础上进行创新，形成物化形态的科技成果进入社会。生产力不是单向地支配

高等教育，即高等学校不是单向地从社会吸纳科技知识。高等学校是"思想库""人才库"，它能在吸纳和反映的基础上创造新知识，继而转化为生产力，推动社会发展。这些继承的知识和创造的知识达到一定程度，就会由量变引起质变，从而进一步推动社会的发展。

高等学校作为高新科技知识的传播基地、生产基地和孵化基地，成为高新科技知识的"摇篮"，成为知识经济社会的"发动机"，成为知识经济社会的轴心。

（二）知识经济与高等教育的互动性

从教育的外部关系规律分析，知识经济与高等教育具有良好的互动性。

1. 知识经济引导和推动高等教育的改革与发展

知识经济必然要求确立新的教育观，诸如新的教育哲学观、教育功能观、教育本质观、教育产业观、教育发展观等。但是，观念的转变，是建立在人们认识到知识经济对高等教育改革与发展起到冲击与促进作用的基础上的。从整体来看，这种冲击和促动主要体现在三个方面。

（1）高等教育外部关系规律显示，高等教育自身的发展需要适应社会，为社会进步和经济发展服务。知识经济本质上要求经济知识化，且指向高新科技知识，这就要求高校必须为经济发展和社会进步提供高新科技知识，要求高校调整教育理念，确立新的教育价值观，培养掌握现代高精尖科学技术的专门人才，以及创造一流的科研成果。新的教育理念和教育价值观要求高校在教育目的、培养目标、课程目标、教学内容、教学方法以及社会服务等方面进行改革，以迎接知识经济的挑战，适应知识经济的发展。

（2）知识经济不仅要求经济的知识化，而且要求知识的经济化。这既是知识经济的内在要求，也是知识经济发展的客观需要。知识经济时代，教育产品的商品性凸显，高等教育的产业化运作，促使高等学校进行管理体制改革与创新，使高校成为讲究成本效益、责权利明晰的知识商品生产部门和法人实体。这就要求人们转变思想观念，明确知识的经济价值和商品特性，明确高校的法人地位和产业属性。

（3）如果说农业经济是手工化时代，工业经济是机械化时代，那么知识经济则是信息化时代。信息化不仅影响教育价值的转变，影响教育管理体制的改革，还会导致教育教学形式的变革。知识经济将大大推动和促进远程教育、网络教育以及多媒体教学的发展，全面改变传统的教师与学生面对面的教学形式和以书本介质为知识载体的传播途径，促进教育技术的革命，推进教育终身化和教育国际化，赋予高等教育理论与实践新的内涵和外延。

2. 高等教育的改革与发展拉动和促进知识经济的发展

高等教育不仅要适应知识经济的发展，还要在适应的基础上拉动和促进知识经济的发展。高等学校促进知识经济的发展，以促进高等教育与知识经济两者联系的纽带——高新科技知识在质和量两个方面的增长来实现。

（1）量的增长主要表现为通过培养科技人才来传播高新科技知识，因为掌握一定科技知识专门人才的数量越多，以生产力形态存在的科技知识在社会上的数量就越多，这种人才主要是职业型、应用型及技术型。

（2）质的增长不仅表现在培养更多富有创新精神和创新能力的高精尖科技专门人才，还表现在创造更多一流的科研成果。这些人才和成果所具备的科技知识都高于社会现有的科技水平，是促进生产力发展最重要的潜在因素，是推动知识经济发展最活跃的因素。这种质的增长实际上也是量的增长，但前者量的增长主要是从知识广度的增长而言的，而这里质的增长则是从知识深度的增长来说的。

高等学校在一定教育理念和教育价值观的指导下，通过改革和调整，培养大批高素质专门人才和创造高水平的科研成果，从高等教育与知识经济的联系来看，也就是创造了更多更好的高新科技知识生产力，进而推动了以高新科技知识为生产要素的知识经济的发展。

3.高等教育活动本身成为一种经济活动

高等教育促进知识经济的发展，是通过高等学校的育人职能和科研职能间接实现，高等学校也成为一种经济部门，它能够直接实现经济价值，直接促进知识经济发展。高等教育的逻辑起点——知识，本身就成为一种商品。高等教育领域同样存在知识商品的生产、流通、交换和消费四个环节。

（1）商品生产表现为科学研究或教师的备课。

（2）商品消费表现为科研成果的应用与知识内化为学生的素质。由于高新科技知识成为知识经济最重要的资源和生产要素，生产高新科技知识的高等学校也就成为知识经济时代最重要的资源和要素的生产部门。可见，知识经济时代，高等教育不仅是一种教育活动，也是一种直接的经济行为，而且成为知识经济发展的重要组成部分。

（三）知识经济与高等教育的互补性

从教育的内部关系规律分析，知识经济与高等教育具有高度互补性。高等教育的育人活动对知识经济的物质具有依赖性。培养人才活动是教育者将一定的知识传授给受教育者的过程，这一过程包括知识的生产、整理、传播及内化等环节，但每个环节都不直接创造物质财富，形成的科技知识也只是以知识或者个体素质等形态存在，它的外显活动表现为消费活动，而不直接表现为经济价值取向的生产活动；而且，这种消费活动对教育者和受教育者双方来说，周期长、智力和体力投入大，是一种成本代价较高的消费活动。所以，这种育人活动必须建立在一定的物质基础上，没有经济保障，这种消费就不能实现，育人活动就无法进行。

1.高校的经济收入

知识经济对高等学校培育人才这种高消费活动的经济保障和物质补给，主要从两个方面来实现：一是高校内部的经济收入，二是高校外部的经济投入。

（1）高校内部的经济收入

高等学校的产品之———高新科技知识是高利润商品，因而高等学校能够通过出售科技知识来获取利润，这表现为收取学费、转让科研成果以及创建校办企业等。

（2）高校外部的经济投入

高等学校作为"社会中心"，高等教育的战略地位以及培育人才的高消费活动，必然引起政府及社会各界对高等教育的高度重视，从而促使政府及社会各界对高等教育加大经济投入力度，这表现为政府拨款、企业资助、社会及个人捐资和投资、银行贷款等。

2. 知识经济的可持续发展对高等教育育人活动的精神依赖性

（1）有一种观点认为，知识经济强调的是普遍提高人的全部精神能力，使理性精神能力与非理性精神能力得以和谐发展。笔者认为，这种观点主观地扩大了知识经济的内涵，把这个从经济学领域引用过来的概念泛化了。从前面的分析可以得知，知识经济的提出是强调知识对生产力和经济发展的作用和贡献，突出高新科技知识的中心地位和经济价值。知识经济实质上是高新科技知识经济。

（2）追求经济利益是知识经济的本性。也有人提出，从人类社会发展史来看，由于我们以前过分强调科技的作用和物质的价值，出现了许多严重的社会问题，诸如生态环境恶化等。人既是知识经济社会活动的主体，又是教育的对象；高新科技知识既是知识经济社会的决定性生产要素，又是高等教育的逻辑起点。因而，减少高新科技知识对知识经济的负效应，扩大其正效应，实现知识经济的可持续发展，成为高等教育承担的重要历史使命。

3. 高等教育的育人功能

虽然高新科技知识本身就包含了一种科学精神，一种追求真理和注重事实的精神品质，一种实现经济社会公平和公正的精神支柱，但高新科技知识如果以物化形态存在，它作为一个非生命体就会失去这种精神，成为任人摆布的工具和手段。因而，人的问题就成为能否实现知识经济可持续发展的根本和关键。高等教育之所以能减少高新科技知识对知识经济的负面效应，主要在于高等教育的育人功能。高等学校作为人才培养的基地，作为知识的渊薮、科学的殿堂、人才的摇篮和精神的家园，能够实现人在智力因素与非智力因素、科学精神与人文精神、个人信念与社会关怀等方面的和谐统一。它所培养的人才在认识、评价、生产或应用高新科技知识和成果时，能够形成正确的价值判断，综合考虑近期利益与长远利益、局部利益与整体利益、个人利益与社会利益等方面的关系，做出符合人类社会发展的理性选择，实现知识经济的可持续发展。

三、知识经济对我国高等教育的影响

知识经济对我国高等教育的影响与冲击是全方位的，既带来了发展的机遇，也提出了严峻的挑战。

（一）知识经济给我国高等教育发展带来的机遇

知识经济给我国高等教育发展带来的机遇主要表现在五个方面：

1. 知识的经济化与经济的知识化趋势，使高等教育的地位提升

在知识经济中，知识的拥有同社会经济发展及个人财富与地位紧密相关，国力竞争与个人竞争在很大限度上变成知识创新和信息运用的竞争。高等教育已被国家纳入优先发展的战略与现代化建设的整体布局之中，知识因素对国民个人发展的影响日趋明显。

有调查显示，知识水平较高的人拥有更多流向职业声望较高的科研、金融与计算机服务等行业的机会，在单位中拥有更多的职务升迁机会。文化程度的差异对收入差距的影响正呈扩大趋势。

2. 大众化与国际化趋势，使高等教育的市场拓展

知识经济激发了社会对知识与人才的需求，加快了高等教育大众化的进程。在我国2010年颁布的《国家中长期教育改革和发展规划纲要（2010—2020年）》中，我国政府针对高等教育的发展提出："到2020年，基本实现教育现代化，基本形成学习型社会，进入人力资源强国行列……高等教育大众化水平进一步提高，毛入学率达到40%。"

3. 高等教育、科技、经济一体化与学习终身化趋势，使高等教育的功能扩张

这种功能扩张，首先反映在高等教育原有三大功能的扩张。

（1）时间上的扩展。为适应个体学习终身化的要求，高等教育正在从阶段性教学转向终身性教学，各种类型的成人高校、老年大学蓬勃发展。

（2）空间上的扩大。为满足日益增长的高等教育需求，高校正在从封闭走向开放，各种形式的校外教学、网络教学、合作办学应运而生。

（3）内容上的扩充。教学的功能已不仅是知识的储存与传递，而是集创造、加工、处理、传播与应用为一体。科研也不仅注重基础研究，开发研究与应用研究也越来越占有更多的比重，不少高校结合科研兴办科技企业，高校社会服务的面越来越宽，包括企业培育服务、科技攻关服务与参与政府咨询决策服务等。

不少高校与企业联合建立了一大批技术开发中心、生产力促进中心、产学研合作示范中心。

其次，反映在新功能的产生。高校凭借人才资源与科研优势，广泛参与社会经济活动，在多方面都发挥着刺激经济增长、引导文化变迁、扩大国际交往、提升人类文明等功能。

4. 综合化与信息化趋势，推动高等教育的改革深化

知识经济是一个高度综合的时代，它表现在知识的形成与发展、信息的加工与传播、新产品的设计与制作、商品的生产与流通等各个方面。这种综合化的特征也反映在对人才的要求和高等教育培养目标的确立上，进而影响到学科结构的调整、专业与课程的设置，以及教学方法、考试方法等各个方面的改革。

从对我国当前高等教育改革的影响看，必须确立综合化教育思想已渐成共识，"厚基础、

"宽口径、强技能、善创新"的高素质的复合型人才的培养目标已被广泛接受，按综合化的思想合并学校、调整专业、重组学科、优化培养模式等方面的改革已取得相当的成就。

以电脑化、网络化、数字化为主要内容的"信息化"趋势对我国现行的高等教育的影响不仅是教育技术与教育手段的变革，还是从教育观念、教育体制、教育模式到教育管理的全方位的改革。伴随着教育信息化的进程，传统的"传道、授业、解惑"的教育观、"博闻强记"的学习观正发生改变；注重正规的一次性的学校教育制度和强调整体的同步的班级授课模式也将逐步瓦解，取而代之的将是适应信息化要求的弹性化教育制度与个性化的学习模式。

5. 产业化与社会化趋势使高等教育发展的环境不断优化

为满足强劲的社会需求，近年来，我国迅速调整了高等教育的布局结构、专业结构，扩大了招生规模，提高了办学效益。知识经济的高增值性所积累的巨大财富又可以为高等教育的进一步发展提供坚实的经费保障。

反映在高等教育的发展将获得日益广泛的社会支持。随着产业化带来的开放、竞争、质量与效益等观念的增强，以及对高等教育社会经济功能认识的深化，人们越来越关注高等教育，尊重知识、尊重人才、支持高等教育的社会氛围将进一步形成。这一切都可以为高等教育发展创造良好的物质环境与精神环境。

（二）知识经济对我国高等教育发展的一系列挑战

这主要表现为五个方面。

1. 国际竞争加剧对高等教育培养目标的挑战

知识经济与高新技术的发展对人才素质的要求越来越高，高素质的人才已成为新的国际竞争的关键因素。这就对传统的高等教育培养目标及培养方式提出了严峻的挑战。

社会对毕业生的普遍评价是：创新能力不强；敬业精神、合作精神不足；身体素质、心理素质相对较差。

2. 知识高度综合对高等教育人才培养模式的挑战

高度综合的知识经济社会最需要的是具有广博知识和综合能力的通才。国外的研究发现：有成就的科学家多是靠博才取胜；当今诺贝尔奖的获得者中，有不少既是某门学科的"专才"，又是善于进行综合性研究的"通才"。这对我国长期以来注重专才培养的教育模式提出了挑战。

人才培养模式由培养目标、专业设置、教育方式、学习方式与评价方式等要素构成。我国传统的人才培养模式的特点可概括为五个字：

（1）"专"，即强调按统一的计划与要求培养人才，培养目标过专；

（2）"窄"，即专业划分过细，专业口径过窄；

（3）"灌"，即教学重灌输，轻启发；

（4）"死"，重记忆，轻思考，学习方式过死；

（5）"偏"，即评价指标片面，评价方法单一，评价结果偏颇。

这种模式培养出来的学生在计划经济体制下容易对口安排，但综合素质较差，适应面较窄，创新能力较低。在知识经济时代，这样的学生显然不能适应。

3. 功能迅速扩张对高等教育体制的挑战

知识经济条件下的高等教育承担着时代赋予的多种社会功能，高等教育能否实现这些功能，关键在从事高等教育活动的主体——人的积极性、主动性与创造性的发挥，而人的主体性的调动又取决于制度和体制。

近年来，我国在高等教育体制方面的改革已取得重大进展，但面对知识经济的挑战，仍然存在着许多不相适应和阻滞功能实现的缺陷。

（1）就校内管理体制而言：从人事制度看，仍带有一定的"管、卡、压"特征。例如，在管理上重管"人"、轻管"事"，在职称评定上重指标、轻条件，在职务聘任上重任命、轻竞争。在人才流动上重安排、轻自愿，忽略了人的主体性。

（2）从分配制度看，在很多方面仍反映出重身份、重资历的色彩，离知识、技术、管理等生产要素和按贡献进行分配的要求还有较大距离，影响人的积极性。

（3）从教学科研的评价制度看，既缺乏分类型、分层次、合理的评价指标体系，也缺乏科学的评价方法，更缺乏健全的评价组织，不能激励教师积极开展教学与科研，压抑了人的创造性。

4. 网络自由传输对高校德育的挑战

教育是培养人的活动。高校德育既是高等教育的重要组成部分，也是培养有理想、有道德、有文化、有纪律的一代新人的重要手段。知识经济时代，网络传输的自由度大大加强。这有利于信息资源共享，有利于加速国际合作与交流的进程；同时也对高校德育提出了挑战。

随着网络的发展，各种思想文化的交融、碰撞将越来越激烈，西方的文化，包括影视、音像、书刊等进入我国高校，各种意识形态和生活方式对大学生的价值观念、思维方式产生极大影响，有可能造成观念的冲突与思想的腐蚀。知识经济条件下高校德育工作将越来越重要，也将越来越复杂。

5. 教育资源共享对高等教育市场的挑战

这种"共享"既有利于我们引入优质的教育资源，以提高教学质量，也有利于拓宽生源市场，以提高办学效益。但"共享"带来的挑战也是严峻的。

（1）高校人才资源的争夺已成为不争的事实。一位西方学者曾直言不讳地讲："欧美要保持科技竞争实力，非常需要中国的人才。"许多发达国家通过制定一系列优惠政策来争夺全世界的尖子人才，而中国被他们视为抢挖人才的宝库。高校教师资源是人才争夺的重要内容。

（2）学生资源的争夺。当今，欧美许多国家的高校自然科学专业的本土招生出现迅速下滑趋势，研究生生源更是严重短缺，这些国家正把生源市场的目标转向中国。近年来我国生源流失现象已相当严重，而且正在出现由研究生层次向本科生层次、由高龄向低龄、由小批量向大批量发展的趋势。可以预料，未来的高校生源争夺将会更加激烈。

第三节　新公共管理运动与高等教育管理体制

始于 20 世纪 70 年代的新公共管理运动为各种社会管理提供了新的范例、观念和思维模式，提供了观察、理解和处理特定问题的新框架。同样，高校管理作为公共管理领域的组成部分，也必然受到新公共管理运动的冲击。这主要表现在提倡高校管理权力的多中心，强调分权与授权，引入竞争机制，关注质量效益，面向社会办学等方面。

一、新公共管理运动的兴起

传统的公共行政管理模式在理论和实践的质疑声中陷入"四面楚歌"的境地。越来越多的人认识到，传统的行政模式已无法反映现代公共服务所需承担的广泛的、管理的以及政策制定的角色，它更多地体现为一种消极的控制形式，不是致力于为提高效率提供有效的激励，而是着力于怎样避免犯错误。

正是在这样的理论和现实背景下，70 年代末 80 年代初，为迎接全球化、信息化和知识经济时代的来临，以及摆脱赤字财政困境，提高国家的国际竞争力和政府的运作效率，一场以追求"三 E"（Economy Efficiency and Effectiveness，即经济、效率和效益）为目标的行政改革运动，在英国、美国、澳大利亚和新西兰等国兴起，并逐步扩展到其他西方国家乃至全世界。在西方，这场行政改革运动被看作"重塑政府""再造公共部门"的新公共管理（New Public Management）运动。

新公共管理运动像一股旋风，从现代政治理论的发源地英国，渐渐刮遍了大半个地球，成为西方公共行政领域的时代潮流，对公共管理的理论和实践都产生了重大影响。

新公共管理运动打破传统公共行政理论的政治、行政二分法模式，引进公共选择理论和新制度主义等方法，为世界上许多国家提供了当代公共部门管理的新模式，为人们带来了崭新的理念和创新的实践。它把新制度主义经济学、公共选择理论，乃至管理科学和政策研究，还有社会学、政治学等学科的一些重要概念、理论、原理和技术、方法等引入公共管理中，为人类管理文明的历史涂了一笔重彩。

公共管理领域这一全新价值取向的确立表明："新公共管理运动"的兴起绝不仅是一

种政府管理形式上的变革或管理风格上的细微变化，而是在政府的社会角色及政府与公民关系方面所进行的一场全面而深刻的变革。传统的公共行政模式已经从理论和实践上受到了全面挑战，新公共管理理论在实践中的应用，标志着公共管理领域中已经出现了一种全新的典范。"新公共管理运动"及其引发的公共管理模式的变革，已经成为一股不可逆转的时代潮流。

二、新公共管理运动的主要思想

不同国家、学者对新公共管理有不同的称谓，如"管理主义""以市场为基础的公共行政""后官僚主义范式""新公共管理"或者"企业家政府"等，但在本质上相同或相似，都主张引入市场竞争机制，采用私人部门管理理论、方法及技术，以市场或顾客为导向，重新调整国家、社会、市场三者的关系，提高公共管理水平及公共服务质量。其思想要点，可归纳如下。

（一）以市场为取向，重塑政府与公众的关系

这是新公共管理理论最重要的核心理念。市场遵循价值规律。以市场看待政府运作，则公众如顾客，政府为厂商。政府行政，应奉行顾客至上准则。政府不再是发号施令的权威官僚机构，而是以人为本的服务提供者，政府公共行政不再是"管治行政"而是"服务行政"。作为"企业家"的政府并非以赢利为目的，而是把经济资源从生产效率较低的地方转移到效率较高的地方。公民是享受公共服务的"顾客"，可以自由选择服务机构。

这样，新公共管理就建立了以"顾客"的满意度为中心内容的绩效考核机制，成为一种目标导向。定期广泛征求公民意见，评价公共服务。在评价时，注重换位思考，以顾客参与为主体，通过顾客介入，保证公共服务的提供机制符合顾客的偏好，以此产出高效的公共服务。

（二）确立政府有限责任，由"划桨"转为"掌舵"

新公共管理认为，在传统公共行政模式中，政府职能有不断扩张的冲动，直接导致职能膨胀、机构扩大直至臃肿。因此，政府首先应该解决自身职责定位问题，即该管什么不该管什么，分清管理和具体操作。政府在公共行政中，只是制定政策而不是执行政策。著名学者戴维·奥斯本等将此概括为，政府的角色应是"掌舵"而不是"划桨"，传统政府低效的一个重要原因就是忙于"划桨"而忘了"掌舵"，做了许多做不了、做不好、舍本求末的事情。彼得·德鲁克强调："任何想要把治理和实干大规模地联系在一起的做法只会严重削弱决策的能力。任何想要决策机构去亲自实干的做法也意味着干蠢事。"

"掌舵"后，"划桨"的任务应交给私人部门和非营利组织、社区组织、公民自治组织等第三部门。政府通过重新塑造市场，在政策和资金方面，施加各种可行和有利的影响。

这样，政府就成为多元管理主体的组织者、协调者，是多元管理主体的核心。

（三）全面引入竞争机制，切实提高工作效率

新公共管理主张在政府管理中广泛引入市场竞争机制，让更多的私营部门、非营利组织参与提供公共服务，以节约成本，提高服务供给的质量和效率。巴扎雷说，摒弃官僚制的时代已经到来，公共管理由重视"效率"转而重视服务质量和顾客满意度，由自上而下的控制转向争取成员的认同和争取对组织使命和工作绩效的认同。新公共管理提出三种方法：

1. 实施绩效目标控制

强调实行严明的绩效目标控制，以取代严格的行政规制，即确定组织、个人的具体目标，并根据绩效目标对完成情况进行测量和评估。

2. 更加重视结果

与传统的行政管理只注重投入，不重视结果不同，新公共管理根据交易成本理论，重视管理活动的产出和结果，关注公共部门直接提供服务的效率和质量，主张对外界情况的变化，以及不同的利益需求做出主动、灵活、低成本、富有成效的反应。

3. 引入私营部门成功的管理经验

如人力资源管理、强调成本—效率分析，全面质量管理、强调降低成本，提高效率等，这些都是企业管理中行之有效的手段，公共管理必须引入。

新公共管理特别指出，政府人员与市场中的理性经济人一样，具有自我利益最大化、逃避责任、机会主义、自我服务、欺诈及导致道德风险的内在倾向。其与私营管理人员在管理绩效上的优劣之别，原因不在于自利的人性，而在于管理环境的不同。烦冗的程序规则恶化管理环境，压抑管理者情绪，导致低劣的绩效。因此，管理需要"自由化"，做到"让管理者来管理"。

三、新公共管理思想在高校管理体制改革中的表现

新公共管理思想为各种社会管理提供了新的范例、观念和思维模式，提供了观察、理解和处理特定问题的新框架。同样，高校管理作为公共管理领域，其改革也必然受到新公共管理运动的冲击。因此，高等教育领域，也被纳入改革的视野。新公共管理运动的思想也逐渐渗透到高等教育的改革中，"新公共管理"模式开始向高等教育领域挺进。

新公共管理主义思潮逐渐从行政管理领域扩展到包括高校在内的其他管理领域，并日益占据中心地位，大学管理受到新公共管理的深刻影响已经是不争的事实。高等教育的这种变迁可归纳为：高等教育日益全球化、高等教育制度的准市场特性不断发展、世界性的高等教育大众化潮流、高等教育经费增长赶不上学生人数的增加、国家对高等教育质量的

关注、高校课程日渐呈现职业导向、"国家—高校—企业"之间关系发生改变。

概括起来，新公共管理思想在国内外高校管理体制改革中的主要表现有如下几种。

（一）提倡高校管理权力的多中心，强调分权与授权

新公共管理将分权式管理取代了高度集中的传统层级组织结构，通过分权和授权来减少层级，从而对外界变化能迅速做出反应，而有效地解决问题。这种分权与授权，其实是公共教育权力在政府、市场、社会、学校之间的权力配置，实现了权力在不同主体之间的转移，形成了权力的多中心化。特别是将权力特许给社会，更多地依赖民间机构和公民个人对教育的各方面进行参与，加强不同地区、社区和地方、学校以及家长、学生之间的联系，建立起各个部门之间的伙伴关系。教育民营化充分反映出政府教育观念的转变，即注重"民间"力量在教育中的作用，并加强与他们的合作互动。

新公共管理倡导教育权力的多中心，具体到一所学校来说，学校领导在分权与授权时必须做到适度，在动态中求得两者的平衡。

1. 集权与分权相互补充，灵活运用

学校领导在决策指挥上应采用集权形式，才能保证学校在信息交换的快速环境下，使各项工作正常运行。而在执行阶段可以适当分权，使下级管理人员有职有责有权。

2. 强调适度授权

学校领导者必须分清哪些权力可以下放，哪些权力应该保留。如果把应保留的权力都下放，那就是过度授权，等于放弃职守，使管理失控，将会给学校造成损失。适度控制是授权的原则之一。授权以后，学校对下属的工作要进行合理、适度的监督，要防止两类偏向：（1）把授权变成了放任自流；（2）对授权不放心，因而不断地检查工作，处处插手，使下属缩手缩脚，不得不完全按照领导意思办事。

3. 授权不授责，但同时要权责明确

学校领导者把权力授给下属后，下属如果在工作中出了问题，下属要负责，但同时，领导者也要负领导责任。另外要权责确定，授权之前，目标和责任范围必须有详细交代——不仅是如何履行责任，更重要的是达到预期的结果和目标；否则，被授权者将无所适从，搞不好还会争功诿过，而领导者也没有考核的客观依据。这样，就造成组织管理的混乱，授权的效果也会适得其反。

（二）在教育领域引入市场机制

对传统官僚体制的革新，新公共管理将市场机制引入教育领域，以市场模式取代传统的官僚体制，使官僚制组织已不再是政府提供教育产品或服务的唯一方式，政府通过补贴、管制和合同形式进行间接运作，而不是直接提供者。市场机制在教育领域的引入以官僚体制的失效作为前提，依靠市场提供服务是人们所寻求的替代官僚制的主要手段。

例如，自 20 世纪 90 年代以来，美国教育改革的目的是提高中小学教育质量，主要措施是将市场的自由竞争机制引入中小学教育体制，在很大程度上放宽对教育的统一管理和控制。通过教育分权、择校和公立学校私营化等方式来推行"教育的市场化重建"，即把财政、人员调配和政策制定等权力下放到各个地方教育机构，强调提供者和消费者在教育领域中双方的义务和责任。尤其是教育消费者的选择，让个人的选择在教育市场中具有更大机会，同时把公立教育机构转变为自主管理的中小型企业化运作的教育实体，参与市场竞争，促进教育资源配置最优化，促进学校教育为消费者提供最好服务。

现在，人们日渐使用"准市场"，来概括发生在教育和福利部门中的市场机制引入和决策的非官方化等的教育分权。"准市场"是政府控制与市场运作间的"中间道路"。所谓"准市场"，乃是非完全市场，其中包括有政府调控的成分。因此，政府控制和市场机制并不一定是零和博弈的关系，即一方受益另一方受损。公共事业准市场改革的显著特色在于，需求方和供给方的分离以及需求方可以在不同供给方之间做出选择。缺乏传统的现金交易关系和加强政府干预是准市场与理想的"自由"市场的主要区别。准市场的引入通常需要学校自主与家长择校的结合，以及相当程度的绩效责任和政府调控。

（三）高度关注教育的质量、效益和效率

对传统官僚制只重过程而不管结果，新公共管理以精简、重建和不断改进为手段，以实现"3E"（经济、效率、效能）目标。

（1）在以分权为主线对公共教育体制进行重构的过程中，政府通过放松中央控制机构的管制而开始对学校组织进行授权；

（2）通过下放决策和解决问题等权力而对教师进行授权；

（3）通过将学校控制权交给以社区为基础的管理机构，而对社区成员和社区组织进行授权，进而把控制公立学校的形式从复杂的规章制度和等级命令转换成共同的使命和承担绩效责任的制度。

成功的分权和对多余层级的废除能够把与组织目标相关的责任和达成目标的手段区别开来，手段和目标的明晰对于分权理念是最基本的，通过"合同"来区分手段和结果，而明确双方各自的权利与责任。

合同制是学校摆脱政府控制的一种比较好的方式和手段，因而被看作是"为公立学校提供了一种全新的治理模式"。如美国的特许学校、契约学校和公立学校的私营管理，英国的教育行动区与直接拨款的公立学校，俄罗斯的非国立学校，加拿大的特许学校，新加坡的自主学校以及我国的专职院校等，都是通过签订相关的绩效合同，以明确规定学校的目标、预期结果和绩效结果，同时给予其资源的管理控制权。

通过为学校组织进行流程再造和为绩效设定结果，可以实现对学校的全面质量管理，以提高学校组织的效益和效率。

（四）重视社会和家长对教育的需求，面向社会办学

新公共管理倡导政府在决策时要倾听群众的声音，广开言路，并在适当情形下，进一步下放权力和资源，使传统的官僚垄断政府变为"社区拥有的政府"和"顾客驱使的政府"，政府应对社区和顾客负责。在市场经济条件下，消费者就是顾客，顾客就是上帝，以"顾客导向"理念的市场必须按照顾客的需要来进行经营。

具体来说，"顾客导向"是指学校依存于其顾客（学生、家长、政府和社会），学校管理应以这些顾客的需求为关注焦点，致力于满足他们的需求，并努力超越他们的期望。顾客的要求各种各样，有的是明确的，有的则是隐含的。明确要求是指在标准、规范以及其他文件中已经做出规定的要求，如国家规定的教学目的、教学内容、教学标准和教学大纲等。隐含的需要包括顾客的期望或不言而喻的需要。如家长希望学校、教师公正地对待自己的子女；社会希望学校能够管好学生，减轻社会负担；学生希望自己能够通过规定的考试，升入高一级学校等。必须注意到，满足顾客要求只是学校管理的一个基本要求，只有达到甚至超过顾客的期望，给顾客一种意外的惊喜，才能使顾客满意。具体主要体现在如下三方面：

1. 为顾客提供充分、优质、公平的教育机会，满足顾客不同的教育需求

对于学生而言，顾客导向理念在于管理者应以学生为主体，学校的任何行政事务都应以提升学生素质以及满足其生活上的最大需要为目标，管理上应人性化，尊重学生的个性和尊严，在教学上以学生能接受的方式，教给他们需要的内容。

2. 建设服务型学校

要把家长、学生、教师等当作学校的顾客，保障他们对学校行为的知情权和监督权，保障他们的民主参与教育决策权。构建可接近性和灵活性的反应系统，及时提供各种信息，回应各种需求，提供便捷的人性化服务。

3. 尊重家长和学生的教育权

赋予家长一定的教育选择权，促使学校对受教育者的需求做出积极回应，真正将"以人为本"的理念贯彻到学校改革中去。如在美国，拓展父母的选择权，日益被视为撬动教育体制改革的杠杆。以提高家长自主选择权为特征的教育凭证制度重新引起人们关注，一些州开始尝试推行教育券政策。通过教育券，家长被赋予一定教育选择权，能自由选择最能满足他们需求的学校。学校被迫对市场及受教育者的需求做出快速反应，在教育券的流动中实现学校的优胜劣汰，充分体现了"消费者主权"，从而提高了学生家长的满意度。

第四节　市场经济与高等教育管理体制

经济基础决定上层建筑，高等教育作为上层建筑的重要组成部分，受一定社会的经济、政治、文化所制约，并为一定社会的经济、政治、文化服务。因此，市场经济对高等教育的影响具有客观的必然性。在我国社会主义经济由计划经济体制转向市场经济体制之后，高等教育要想独立于市场经济之外，必然受到某些冲击与影响。市场经济与高等教育之间是相互渗透、相互作用的，市场经济制约着高等教育，高等教育服务于市场经济，二者表现为相互供需的关系。高等教育的发展规律必须适应市场经济的客观规律，高等教育的体制改革也必须应对市场经济体制的挑战。

一、市场经济对高等教育的影响

市场经济的大潮冲破高等教育原有的运行机制，给高等教育带来有力的动力机制，驱动高等教育加快改革步伐。这是市场经济给高等教育带来长期效应的集中表现，也是市场经济对高等教育影响的本质所在。

市场经济对高等教育的积极影响主要表现为：

（一）市场经济的健康发展为高等教育的良好发展创造良好的社会环境

市场经济的健康发展、社会生产力的提高、综合国力的提升、人民生活水平的提高，为高等教育的发展提供良好的外部环境。同时，市场经济中多种所有制形式的存在，将进一步促进形成多种形式发展高等教育的新局面，适应人们接受高等教育的需要，形成国家办高等教育与社会、个人办高等教育并举的格局。

（二）市场经济的发展为高等教育改革注入新的活力

随着市场经济的发展，我国经济建设的速度和社会各项事业的发展速度加快，社会各方面对高层次专门人才的需求急速增加。随着人们生活水平的提高，对接受高等教育的需求也相应提高，这为高等教育的改革与发展注入新的活力。

（三）市场经济的发展促进高等教育观念的不断变化

市场经济的发展引起了高等教育领域内部的深刻变革，市场体制要求的开放意识、创新意识、竞争意识、信息观念、时间观念、效益观念等必然会渗透到高等教育的思想观念之中。从高校管理体制到办学体制，从招生到就业制度，从教育结构到教学内容，从投资结构到自主办学以及教育的其他方面，都发生了新的变化。

（四）市场经济的发展将为高等教育提供广阔的社会实践领域

市场经济体制有利于高校教育根据市场需求确立人才培养目标，调整专业设置、改革教学方法；有利于在高等学校内部建立起提倡竞争、讲究效率的机制，调动起广大教师的积极性，促使教师主动地探索新的教学过程；有利于高等院校面向社会，缩短知识转化为生产力的周期，促进科研成果的转化。

从长远看，市场经济为高等教育的改革和发展带来活力。但市场经济的天然性的弊端——本位性、盲目性、自发性，也对高等教育不可避免地产生一定负面的影响。市场经济的自发性容易导致教育目的的模糊，其多变性容易导致教育规律难以遵循，其开放性使得师资队伍不稳定，其本位性容易导致教育价值取向的偏颇，其功利性致使教育主体行为扭曲，其短期性使得教育功能萎缩等。当前高等教育中出现的重科研，轻教学；重应用开发研究，轻基础理论研究；重有偿服务，轻无偿服务；教师重第二职业，轻本职工作；学生重外语和计算机，轻系统知识的学习等，都折射出这种影响。

目前，我国正处于市场经济不断完善阶段，其中不完善的成分必然反映到受制约的高等教育上，尤其在社会转型时期，高等教育不可避免地要受到某种侵蚀。同时，高等教育自身体系的不完善又为这种消极影响提供了土壤。

我国原有的高等教育模式是建立在计划经济体制下的。面对经济体制的转轨形势，高等教育在失去固有依托的条件下，既很难维持原有的运行机制，又很难建立起新的运行机制。在这种情况下，高等教育往往就会随波逐流，市场经济的某些弊端就会乘虚而入，高等教育自身也不可能超越经济规律的制约而寻求自己的"避风港"。再加上文化传统包括积习已久的思维方式，面对市场经济的冲击，要想做出新的选择是一个痛苦的过程。由此就有可能产生极为相反的两种倾向：一种是维护传统的教育模式，另一种是对新观念尚未完全理解和消化之前的全盘接收。而这两种倾向在一定时期以一种"畸形"的结合方式贯穿在高等教育的改革过程之中。

市场经济已成为我国经济发展的主旋律，高等教育作为社会的一个有机体不可能摆脱或躲避市场经济的冲击，市场经济对高等教育的影响是一种客观存在，其中既有积极的正面影响，也有消极的负面影响。我们要积极主动地适应市场经济，借助建立市场经济体制产生的推动力，抓住机遇，促进高等教育的改革和发展，以应对市场经济对高等教育的挑战。

二、市场经济对高等教育的调节

在市场经济条件下，大学身不由己地卷入了市场，不可避免地要受到市场的调节和支配。市场对高等教育的调节有许多优点：

（一）有利于高校自主招生和合理设置专业

通过发挥市场的调节作用，高校对外界社会的需求反应和适应变得更加敏感、快捷。威廉斯评论道："市场模式的主要优点是它可以不断地刺激学院和大学，使其适应不断变化的经济和社会状况。"高等教育的市场调节主要是通过高校对消费者需求变化、劳动力市场需求变化和社会对知识产品的需求状况的反应表现出来。当市场上某一专业的人才需求发生变化时，高校和消费者便会根据这种供求变化信号，按照自身的经济利益，及时调节自身活动，以在市场竞争中求得生存和发展。

就消费者而言，他选择进入什么学校、选择学什么专业，反映了目前和未来劳动力市场对某一方面人才供求状况，也反映了目前高校市场的价格（收费水平）、竞争（入学选择）。就高校而言，它对市场的反应，主要通过消费者需求变化、劳动力市场变化来实现。消费者市场供不应求时，高校便以各种方式争夺生源；劳动力市场某些专业人才供过于求，或某些专业人才供不应求时，高校便立即调整专业和教学方式，增设培养社会紧需人才的专业，缩减或取消个别专业培养计划，以适应市场变化。

（二）市场的积极调节作用有利于高校合理定位，办出特色，办出水平

格拉夫在谈论美国高等教育时认为："在美国这种系统中，消费者的需求起着重要作用。消费者掌握着平衡杠杆，而计划者却没有。消费者不仅可以选择进入哪所院校，而且可以随意退出，从一所院校转入另一所院校。由于存在着如此广泛的入学选择权和以后的退学权、转学权，因此各学院和大学的生存或者依赖于满足用户的需要，或者依赖于以自己大学的优秀质量来吸引用户。只有形成自己学校的特色才能吸引用户，雷同则不能。既然如此，许多院校都努力建立自己的特色，而不是被动地接受统一的模式。"在强大的市场作用面前，高等学校不得不力图办出自己的特色，力争做到"人无我有、人有我优"，以与众不同的服务内容和方式，确保自身在市场竞争中立于不败之地。

（三）市场的调节作用有利于高校建立市场主体意识，发挥自身的主观能动性

在市场经济条件下，任何一个经营主体都面临着赢利、亏损、破产的可能性，都必须承担相应的利益风险。风险机制以利益的动力和破产的压力作用于商品经营单位，使得每个经营者时时刻刻关心生产经营情况，从而督促和鞭策他们奋发努力，变革更新，不断进取。高校虽然不同于企业具有经营性，但同样受市场竞争机制的影响。因循守旧、故步自封、一成不变，会导致其在激烈的竞争中被淘汰。只有改革创新、因时思变，才能取胜于市场。

可见，市场对高等教育的教育观念、办学体制、管理方式、教学方式、招生与就业制度以及人才培养模式等各方面都产生了重要影响，给高等教育的改革和发展带来生机与活

力，促使高等教育必须改革体制，调整结构，提高质量和效益，并且从社会和经济发展的需要着眼，从实际出发，着力办出高校自己的特色。因此，高等学校要遵循市场经济规律，引进市场机制，面对市场自我调节，以适应市场经济对高等教育提出的新要求。

三、市场经济对高等教育管理体制改革的要求

社会主义市场经济的完善和发展，对高校管理体制的改革提出了新的要求。

（一）高等教育要面向市场需求培养人才

市场经济的发展需要对人才素质的要求更加全面，既需要有文化、懂技术、业务熟练的劳动者，也需要具有现代科学技术和经营管理知识的管理人员；既需要能够适应现代科学文化发展和新技术革命要求的高级专业技术人员，也需要品德好、能力强、业务精的综合性人才。

教育管理体制改革就是要从体制上促使人们转变教育观念，树立正确的人才观和教育观，适应市场经济对人才的要求，培养满足市场需求的人才。这就要求高等教育体制改革要与经济体制相适应，树立教育为经济建设服务的观念，克服狭隘的为教育而教育的旧观念，同时还要树立大教育观念，即树立全时空的教育观。

1. 在空间上

放眼未来，要把学校教育与家庭教育、社会教育结合为一体，打破封闭式的围墙里的教育，把教育和社会联系起来，放眼社会，放眼世界。

2. 在时间上

要把就业前教育和就业后教育结合起来，把学校教育纳入终身教育体系中去考虑。学校的就业前教育不仅要考虑学生将来从事什么职业，而且要使他们具有终身学习的能力，以便能够根据科技发展、生产变革以及市场变化随时参加学习。

（二）高等教育要调整培养目标，改革教育内容和方法

市场经济的主要特点是开放性、竞争性、创新性、法治性。为适应这些特点，就要求教育培养的人才具有宽广的知识视野，善于捕捉信息；有果断的决策能力，敢想敢干，勇于创新；有经济头脑，注重经济效益，讲究工作效率；有较强的法治观念，善于处理人际关系等。为此，在培养目标上要克服单纯追求应试升学的观念，注重学生基本素质的提高。

在市场经济条件下，仍然要坚持社会主义教育方针，让学生在德智体诸多方面都得到发展。特别要加强思想道德教育，提倡敬业精神。要教育学生坚持真理和正义，反对虚伪和邪恶。

1. 教育内容改革

要改革，要加强科技教育，增加发展社会主义市场经济所需要的内容。特别是高等

学校和职业技术学校要根据市场经济发展的需要，根据当地的条件调整专业设置、课程内容。

2. 教育方法改革

要改变只为应付升学考试的呆板死记的做法，注意减轻学生的课业负担，使学生生动活泼主动地发展。

（三）建立适应社会主义市场经济的教育体制

我国现行的教育体制高度集中，高度统一，这种体制使办学缺乏生机和活力，难以办出特色。在这方面，高等教育的问题最为突出，表现在教育投入和发展与经济投入和发展不相适应，专业设置和教育质量与市场经济不相适应，招生、分配制度与社会需求不相适应。根本的问题是教育体制与社会主义市场经济体制不相适应，因此必须加以改革。

教育体制改革的目标是加强院系的决策权和办学的自主权，使院系和一线工作的教师能够参与决策，根据市场的需求调整教育结构，调整专业设置、课程计划和培养方式；能够根据自己的条件和院系的优势办出自己的特色；能够参与科技市场竞争，把院系的教学与科研、生产联系起来，利用学校科技优势，创造新的科研成果，并迅速转化为现实生产力，从而促进社会主义经济的发展。

（四）面向市场经济，建立有中国特色的现代大学制度

随着经济体制改革的深入，传统的大学制度越来越不适应经济体制改革的要求，建立与社会主义市场经济体制相适应的具有中国特色的现代大学制度，成为我国高等学校管理体制改革的目标。

现代大学制度应与社会主义市场经济体制相适应，符合高等教育的规律，管理体制与运行机制相统一。现代大学制度的本质是面向社会，自主办学，民主管理；基本特征是学术自治、政校分开、权责分明、管理科学。建立现代大学制度的核心，就是为有效地配置教育教学资源。实现这一目的最有效的方式，就是在现代大学制度建设中，引进市场体制和运行机制，增强大学制度对市场的适应能力。

市场经济已成为我国经济发展的主旋律，高等教育作为社会的一个有机体不可能摆脱或躲避市场经济的冲击，建立与社会主义市场经济体制相适应的高等教育管理体制是市场经济发展对高等教育的必然要求。

第五节　新时期高等教育发展的趋势

世界高等教育发展的基本趋势是：办学体制多元化，社会功能日益突出，高等教育终身化以及与企业界密切合作。在此背景下，我国高等教育也发生了翻天覆地的变化。面对

新的形势，我国高等教育要不断提高高等教育质量，提高人才培养质量，提升科学研究水平，增强社会服务能力，优化结构办出特色，以适应我国经济社会发展的需要。

一、世界高等教育发展的现状

随着经济全球化和知识经济的发展，世界高等教育正在发生深刻的变化，主要表现在规模速度、结构形式、资金筹措、绩效责任和对经济发展贡献几个方面。

（一）高等教育规模的持续增长

世界银行的专家分析认为，促使高等教育发展的原因包括：第二次世界大战后政治和社会的民主化，公立高等教育部门的发展，白领阶层持续增长的需求，新兴工业经济的发展对高技能和受过高等教育劳动者的需求，受过高等教育的人对经济发展的重要性被广泛接受，以及"构成新型福利国家、可持续发展和法制化民主社会重要因素之一的教育自身的吸引力"等。

（二）高等教育结构与形式的多样化

世界高等教育出现了多样化的变化趋势，高等教育的多样化已成为世界许多国家的共同选择。综合大学或公立大学的作用日渐突出，私立大学或民办大学已成为高等教育发展不可忽视的力量，网络大学作为一支快速发展的新生力量日益显示出勃勃生机。许多国家和高等院校本身都已经或者正在对高等院校的结构、形式，以及教学、培训和学习方法进行深刻的改革：

1.非传统大学的发展和教育课程的多样化

许多国家建立了新型的传统大学的替代性机构，促进了非传统大学的发展。

2.私立教育机构的发展

由于高等教育需求的快速增长而公共资源有限，使得私立高等教育在许多国家蓬勃发展。

3.新型的学习和传授方式更加多元化

远程教育、网上学习等更加灵活的学习方式的发展，促进了更大范围的学生入学，也满足了日益增长的多样化的学习需求。

这样做的直接结果之一是几乎世界各地区的高等教育都趋向多样化。虽然有些学校，尤其是历史悠久传统的大学对这一变革有一定程度的抵触，但从总体上说，世界高等教育已在较短时期内发生了意义深远的变革，实现了一定程度的结构与形式的多样化。

此外，大多数国家学生群体的社会经济背景、种族和前期教育的构成发生了变化。当前，高等教育机构吸纳了大量非传统的学生，这些学生可能既不是来自主流社会群体，也可能不在全日制、以课堂为基础的模式中学习。

这种多样化的学习形式反映了对高等教育日益增长及随之而来的大发展的社会需求。

4.促进高等教育多样化的原因

导致高等教育这一变革的原因有内部的，也有外部的，以下诸因素在促进高等教育多样化方面起了特别重要的作用。

（1）社会对高等教育的需求大大增加，因而高等教育必须满足越来越多样化的受教育对象的需要，特别是满足全民终身教育的需要。

（2）劳务市场的需求在不断变化，这就要求高等教育机构根据经济全球化和地区化的趋势，在新的专业技术与管理领域和新的环境中提供培训。

（3）新的信息与传播技术迅速发展，其在高等教育各种职能与需要中的应用也得到不断提高。

（4）由于公共高等教育经费锐减，从而迫使高等院校涉及效益更高的各种不同的课程与教学手段。

（三）高等教育资金筹措方式的多元化

在传统观念中，高等教育是一种"公益事业"，政府应承担其费用。但随着世界高等教育规模迅速扩展，高等教育资金短缺是近年来各国高等教育普遍面对的问题。无论在发达国家，还是在发展中国家，高等教育的学生人数迅猛增加，高等教育的费用变得越来越昂贵，而国家的实际财政拨款却无法以相应的幅度增加，从而导致全球性高等教育经费相对短缺和高等教育公共开支的明显倒退。为应对与高等教育大众化相伴而生的高等教育财政危机，许多国家纷纷采取加大政府投入、吸纳社会资金、推行教育成本分担等举措来为高等教育的发展提供资金保障。

1.加大政府投入

从20世纪80年代至今，世界范围内的政府公共教育经费增加了近1倍，发达国家和一些新兴工业化国家的教育投入已占国民生产总值的5%以上。无论是教育公共经常开支占政府总开支的百分比，还是高等教育公共经常开支占教育公共经常总开支的百分比，都日趋加大。

2.广泛吸纳社会资金

在一些国家，高等院校通过针对一定的政策目标组织实施项目，如引入创新课程、改进管理实践、增强与周边社区的合作得到相当数量的公共资金。以项目为基础的定向拨款往往通过竞争或对项目书评估的方式进行；分配给高等院校的重大资金项目更体现出以产出效果为导向。在许多国家，给高等学校公共资金的拨款方案与学生毕业率相联系。科研基金也往往更多地通过竞争程序，而不是一揽子地定向拨款给某个具体项目。

3.采取收取学费等举措

近年来，不少国家通过收费和增加学费，以增加学校的财政来源。还有的通过科研商业化和机构设施与人员使用的商业化，进一步调动起私人资源。据有关资料报道，美国高校采取多元化的经费投资体制，一般从以下途径获得直接或间接的办学经费：免税政策、联邦政府拨款、州政府拨款、地方政府拨款、捐款、学费收入、大学基金收益、各类基金会资助、吸收留学生或海外办学、提供社会服务和产学结合、校内附属事业等。

（四）高等教育绩效责任日益被重视

从 20 世纪 80 年代初开始，质量保证成为高等教育的一个重要议题。为解决高等教育大众化带来的数量与质量之间的矛盾，美国制定了明确的高校分类标准。英国还成立了"质量保证署"，通过加强评估与监督，全面提高课程设置及其内容的学术标准，来提高高等教育的质量与效率。而韩国通过兴办实验大学，推行"中期淘汰""毕业定额制"，对教学管理进行改革，从而提高教学质量。

有证据表明，高等教育质量保障并不仅限于精英式的教育质量加上严格的程序管理规章，高等教育的扩张还引出了高等教育公共支出的数额和方向问题。高等教育的社会利益使成本增长合法化，也相应地基本保障了高等教育的质量。

由于公共资金的有限性加大了政府的压力，而削减预算和紧缩管理也必然会影响高等教育的质量和产品。此外，日益增长的市场压力也更加要求加强高等教育的绩效责任。例如，在美国，家长和学生抵制大幅度提高学费，要求高等教育机构进一步加强质量绩效责任和成本核算，高等教育日益受到消费者驱动。

二、世界高等教育的发展趋势

近年来，世界高等教育在各方面都有重要发展，虽然各地区及各国的情况都有所不同，但仍然出现了全球范围内高等教育所共有的变化。世界高等教育发展的基本趋势是：办学体制多元化，社会功能日益突出，高等教育终身化以及与企业界密切合作等。

（一）高等教育办学体制由单一向多元转变

教育和人才已经成为当代世界经济增长的决定性因素，以往那种靠政府为主出资办教育，或者由全日制正规学校独揽教育职能的格局，已无法满足社会经济发展对教育和人才的需要。各国高等教育大众化的发展过程，都有一个共同的特点，那就是鼓励多种形式办学，发展新的办学形式，如开放大学、广播电视大学、成人继续教育学院，以及跨国联合办学等。可以预见，无论在发达国家，还是在发展中国家，都将或早或晚地出现普及高等教育的发展态势。中等教育的普及、社会的普遍公正，以及全民终身教育的客观要求，是推动高等教育这一趋势的重要因素。

此外，开放式学习方法，以及信息和传播新技术等均为扩大高等教育提供机会，尤其为一些新的社会群体接受高等教育提供了更多的可能性。这种普及意味着将有更多的人接受某些形式的高等教育，意味着扩大每个公民获得高级培训、技能和知识的机会，其普及方式往往很新颖，而且会日益多样化。

（二）高等教育社会化功能愈加突出

随着高等教育从社会的边缘走向社会的中心，其在不同领域发挥社会服务功能，包括决策咨询的智囊作用、经济和社会发展的技术服务和智力支持作用，乃至直接为社区建设和不同人群提供各种服务，使高等教育在推动社会全面进步的进程中，不断实现自身的变革和创新，更新和完善教育形态，从而在更高层次上树立社会发展的使命感和责任感，增强全面服务社会、引领社会的自觉性和前瞻能力。

（三）高等教育将成为终身教育的一个组成部分

随着科学技术和经济的飞速发展，科学和知识也在快速增长。据国际权威机构的调查，当今世界科学门类已多达 2000 种，人类科学知识每 3 ~ 5 年增加 1 倍，人类知识更新的速度也在空前加快。这意味着大学生在读期间学到的知识在毕业时就必然产生老化、过时的问题。因此，大学毕业不再是个人受教育的终结，而只是另一种学习的开始，接受不同形式的高等教育将贯穿以后的生涯。

目前，在欧美和亚洲一些国家和地区，终身学习体系已经发展得相当普遍，颇见成效的水平。因此，对于高等教育来说，这一深刻的变革意味着高等教育必须变得更加多样化和更具灵活性，以此来适应社会的需求和愿望的变化。多样化和灵活性也意味着学校将具有下述能力：迅速满足甚至预测新需求的能力，使结构灵活多变的能力，改变录取标准，以考虑职业生活经验的能力。而开放式学习方法、远距离教学，以及信息和传播技术等，均大大增加了高等教育实践终身教育的可能性。

（四）高等教育将进一步国际化

高等教育日益国际化首先是教学与科研全球性的一种反映。由于知识具有普遍性，因而知识的深化、发展和传播，使学术生活和学校、科学协会及学生组织具有了国际特征。高等教育进一步国际化，体现在课程内容世界化、交换办学经验、交换教育资料、参与世界学术活动、合作研究与开发项目、交换学者、互派留学生、国际互联网的建立等方面。高等教育进一步国际化将有助于缩小国家之间、地区之间在科技方面的差距，有助于增进人与人之间和民族与民族之间的了解。

（五）高等学校与企业界密切合作

传统大学虽然经过几百年的发展，具备了教学、科研和服务三大职能，但是长期以来它们总是坚守自己的学术堡垒，与企业界少有联系。可是到 20 世纪七八十年代，这种情况有了很大的改变。其主要原因是：科学技术的快速发展把高等学校推到新的科技革命的前沿，承担起国家科技创新体系的主力军的任务，国家支撑的教育经费却在不断地减少。

因此，从 1981 年开始英国的大学率先扔掉"反商业"的观点，积极与企业界联系。例如，成立于 20 世纪 60 年代的英国沃里克大学，先后建立了沃里克制造业集团、工商管理硕士和行政官员训练课程、会议中心、沃里克科学园区等单位，创收大量资金，同时学科得到很大发展，成为"英国最受欢迎的大学之一"。法国、美国等国家的大学也在 20 世纪七八十年代加强了与企业界的联系。

法国 1989 年的《高等教育法》强调，大学要重视把科研转变为生产力，政府鼓励大学面向社会，通过提供科技服务满足工业界的需要。美国白宫科学委员会在 1986 年提出了《重建伙伴关系》报告，指出美国要重建大学与工业的相互关系。在这个思想的推动下，国家基金会在大学建立了一批工程研究中心（ERC）。

正是由于大学积极与企业联系，出现了教育机构（尤其是科技人才密集的名牌大学）对产业活动的主动介入、校办科技型企业的兴起、对学校品牌和收益的主动追求、教育界"产业意识"的觉醒和"企业家精神"的增强。这不仅开拓了高等教育的财源，同时拓展大学的教学和研究领域，促进了大学的发展。

三、我国高等教育的发展任务

当今世界正处在大发展大变革大调整时期。世界多极化、经济全球化深入发展，科技进步日新月异，人才竞争日趋激烈。我国正处在改革发展的关键阶段，经济建设、政治建设、文化建设、社会建设以及生态文明建设全面推进，工业化、信息化、城镇化、市场化、国际化深入发展，人口、资源、环境压力日益加大，经济发展方式加快转变，都凸显了提高国民素质、培养创新人才的重要性和紧迫性。中国未来发展、中华民族伟大复兴，关键靠人才，基础在教育。面对前所未有的机遇和挑战，必须清醒地认识到，我国教育还没完全适应国家经济社会发展和人民群众接受良好教育的要求。教育观念相对落后，内容方法比较陈旧，中小学生课业负担过重，素质教育推进困难；学生适应社会和就业创业能力不强，创新型、实用型、复合型人才紧缺；教育体制机制不完善，学校办学活力不足；教育结构和布局不尽合理，城乡、区域教育发展不平衡，贫困地区、民族地区教育发展滞后；教育投入不足，教育优先发展的战略地位尚未得到完全落实。接受良好教育成为人民群众强烈期盼，深化教育改革成为全社会共同心声。

我国高等教育的发展明确提出了五个方面的发展任务。

（一）全面提高高等教育质量

高等教育承担着培养高级专门人才、发展科学技术文化、促进社会主义现代化建设的重大任务。提高质量是高等教育发展的核心任务，是建设高等教育强国的基本要求。在未来的发展中，高等教育结构更加合理，特色更加鲜明，人才培养、科学研究和社会服务整体水平全面提升，建成一批国际知名、有特色、高水平的高等学校，若干所大学达到或接近世界一流大学水平，高等教育国际竞争力显著增强。

（二）提高人才培养质量

牢固确立人才培养在高校工作中的中心地位，着力培养信念执着、品德优良、知识丰富、本领过硬的高素质专门人才和拔尖创新人才。

1.加大教学投入

把教学作为教师考核的首要内容，把教授为低年级学生授课作为重要制度。加强实验室、校内外实习基地、课程教材等基本建设。

2.深化教学改革

推进和完善学分制，实行弹性学制，促进文理交融；支持学生参与科学研究，强化实践教学环节；加强就业创业教育和就业指导服务；创立高校与科研院所、行业、企业联合培养人才的新机制；全面实施"高等学校本科教学质量与教学改革工程"。

3.严格教学管理

健全教学质量保障体系，改进高校教学评估；充分调动学生学习积极性和主动性，激励学生刻苦学习，增强诚信意识，养成良好学风。

4.大力推进研究生培养机制改革

建立以科学与工程技术研究为主导的导师责任制和导师项目资助制，推行产学研联合培养研究生的"双导师制"；实施"研究生教育创新计划"；加强管理，不断提高研究生，特别是博士生培养质量。

（三）提升科学研究水平

充分发挥高校在国家创新体系中的重要作用，鼓励高校在知识创新、技术创新、国防科技创新和区域创新中做出贡献。大力开展自然科学、技术科学、哲学社会科学研究。坚持服务国家目标与鼓励自由探索相结合，加强基础研究；以重大现实问题为主攻方向，加强应用研究。

促进高校、科研院所、企业科技教育资源共享，推动高校创新组织模式，培育跨学科、跨领域的科研与教学相结合的团队；促进科研与教学互动、与创新人才培养相结合；充分发挥研究生在科学研究中的作用；加强高校重点科研创新基地与科技创新平台建设；完善以创新和质量为导向的科研评价机制；积极参与马克思主义理论研究和建设工程；深入实施"高等学校哲学社会科学繁荣计划"。

（四）增强社会服务能力

高校要牢固树立主动为社会服务的意识，全方位开展服务；推进产学研结合，加快科技成果转化，规范校办产业发展；为社会成员提供继续教育服务；开展科学普及工作，提高公众科学素质和人文素质。

积极推进文化传播，弘扬优秀传统文化，发展先进文化；积极参与决策咨询，主动开展前瞻性、对策性研究，充分发挥智囊团、思想库作用；鼓励师生开展志愿服务。

（五）优化结构办出特色

适应国家和区域经济社会发展需要，建立动态调整机制，不断优化高等教育结构。优化学科专业、类型、层次结构，促进多学科交叉和融合。重点扩大应用型、复合型、技能型人才培养规模，加快发展专业学位研究生教育，优化区域布局结构。设立支持地方高等教育专项资金，实施中西部高等教育振兴计划。新增招生计划向中西部高等教育资源短缺地区倾斜，扩大东部高校在中西部地区招生规模，加大东部高校对西部高校对口支援力度。鼓励东部地区高等教育率先发展。建立完善军民结合、寓军于民的军队人才培养体系。促进高校办出特色。建立高校分类体系，实行分类管理。发挥政策指导和资源配置的作用，引导高校合理定位，克服同质化倾向，形成各自的办学理念和风格，在不同层次、不同领域办出特色，争创一流。

加快建设一流大学和一流学科。以重点学科建设为基础，继续实施"985 工程"和优势学科创新平台建设，继续实施"211 工程"和启动特色重点学科项目。改进管理模式，引入竞争机制，实行绩效评估，进行动态管理。鼓励学校优势学科面向世界，支持参与和设立国际学术合作组织、国际科学计划，支持与国外高水平教育、科研机构建立联合研发基地。加快创建世界一流大学和高水平大学的步伐，培养一批拔尖创新人才，形成一批世界一流学科，产生一批国际领先的原创性成果，为提升我国的综合国力贡献力量。

针对完善中国特色现代大学制度要求要完善治理结构；公办高等学校要坚持和完善党委领导下的校长负责制；健全议事规则与决策程序，依法落实党委、校长职权；完善大学校长选拔任用办法；充分发挥学术委员会在学科建设、学术评价、学术发展中的重要作用。

探索教授治学的有效途径，充分发挥教授在教学、学术研究和学校管理中的作用；加强教职工代表大会、学生代表大会建设，发挥群众团体的作用；加强章程建设；各类高校应依法制定章程，依照章程规定管理学校；尊重学术自由，营造宽松的学术环境。

全面实行聘任制度和岗位管理制度；确立科学的考核评价和激励机制；扩大社会合作；探索建立高等学校理事会或董事会，健全社会支持和监督学校发展的长效机制；探索高等学校与行业、企业密切合作共建的模式，推进高等学校与科研院所、社会团体的资源共享，形成协调合作的有效机制，提高服务经济建设和社会发展的能力；推进高校后勤社会化改革。

推进专业评价，鼓励专门机构和社会中介机构对高等学校学科、专业、课程等水平和质量进行评估；建立科学、规范的评估制度；探索与国际高水平教育评价机构合作，形成中国特色学校评价模式；建立高等学校质量年度报告发布制度。

四、我国高等教育的发展趋势

我国高等教育的改革面临新的任务。

（一）在发展方向上

未来我国的高等教育要以提高质量为导向，提高教学质量是各级各类学校办学的永恒主题。教育部从 2003 年开始实施了"高等学校教学质量与教学改革工程"，此后每年都把提高教学质量作为工作重点，之后又启动规模更大的"教学质量工程"。

高等教育承担着培养高级专门人才、发展科学技术文化、促进现代化建设的重大任务。提高质量是高等教育发展的核心任务，是建设高等教育强国的基本要求。在未来的发展中，高等教育结构更加合理，特色更加鲜明，人才培养、科学研究和社会服务整体水平全面提升，建成一批国际知名、有特色、高水平的高等学校，若干所大学达到或接近世界一流大学水平，高等教育国际竞争力显著增强。

（二）在发展路径上

要以加强世界一流大学和高水平大学建设为重点。我国要实现长时期持续健康发展，增强自主创新能力，建设创新型国家和人力资源强国，必须以更加广阔的视野、更加开放的姿态、更加执着的努力，加快推进建设世界一流大学和高水平大学的步伐。要采取强有力的措施，集中国家力量，加大投入，促进我国世界一流大学和高水平大学建设的新的发展。

（三）在发展机制上

要注重自我约束、自我发展，构建高等学校可持续发展良性机制。目前，一些高校仍注重在数量上发展，注重规格升级，注重更改校名。这反映了我国高等学校仍然在不断地发展、改革、调整和转型之中，也说明了高等学校内部尚未完全建立良性的、以质量提高为主的机制。

为防止和限制过度的外延式发展，不仅需要必要的管理和限制，更需要通过制度建设，促使高等学校产生自我约束和自我发展的机制，推进高等学校的健康发展。

（四）在人才培养上

要牢固确立人才培养在高校工作中的中心地位，着力培养信念执着、品德优良、知识丰富、本领过硬的高素质专门人才和拔尖创新人才。加大教学投入，教师要把教学作为首要任务，不断提高教育教学水平；加强实验室、校内外实习基地、课程教材等教学基本建设。

（五）深化教学改革

推进和完善学分制，实行弹性学制，促进文理交融；支持学生参与科学研究，强化实践教学环节；推进创业教育；创立高校与科研院所、行业企业联合培养人才的新机制；全面实施高校本科教学质量与教学改革工程；严格教学管理；健全教学质量保障体系，充分调动学生学习积极性和主动性，激励学生刻苦学习，奋发有为，增强诚信意识；改进高校教学评估；加强对学生的就业指导服务。

（六）在改革内容上

着重处理好政府依法管理与学校依法自主办学的关系。深化高等教育体制改革，明确中央政府和地方政府在高等学校的管理和投入上的职责权限。改进高校自主权和政府行政权之间的关系，规范政府及其职能部门、高等学校主管部门与高等学校的管理职责权限，落实高等学校办学自主权。深化高等学校内部体制改革，加大推进依法治校的力度，进一步推动高等学校制度建设，促进高等学校形成法律治理结构。健全学校的领导管理体制，健全高等学校的决策、议事、监督机制，发挥教授在治学中的主导作用，保障教职员工和学生参与学校民主管理的权利，同时加强对高等学校的法律监督。

（七）在组织功能上

明确赋予高等学校繁荣社会主义先进文化的重要任务，强化高等学校的综合研究力量和哲学社会科学研究力量，对于世界形势发展、国际政治经济文化教育现象阐述自己的观点，对于当代中国社会主义的重要问题进行深入的研究，形成中国特色的社会主义理论体系和文化解释体系，努力掌握当代文化发展和意识形态的话语权。同时，促进大学文化发展，倡导大学精神确立，形成高等学校良好的思想政治和文化建设氛围，为推动社会主义文化繁荣和创新做出自己的贡献。

（八）在新的历史条件下，我国高等学校也发生了新的变化

1.高校功能发生了巨大的变化

探讨高校管理体制变革，最基本的前提就是要准确把握高校新的功能定位。不了解高效的功能，就无法思考高校管理体制改革的必要性，更无法创新高校发展模式。现在普遍认同大学具有三大功能，这就是人才培养、科学研究和社会服务。但大学从其诞生以来，聚集大量科技、文化精英，通过知识传播、知识创造，以及与社会的互动而对社会文化有着巨大的影响。也就是说，大学具有与生俱来的、更为独有的、影响更为深远的引领文化的社会功能。

高校不仅具有传统的传播学术思想和知识体系的学术功能，维护和宣传意识形态的政治功能，提升公民整体素质的社会功能。同时，在市场经济体制下，高校还具有以人力资源培育为主导目标的经济功能。高校管理体制改革的目标之一，就是要建立调动教师教书育人积极性和学生学习积极性的良好运行机制，达到提高教师、培养学生的最终目的，进而实现大学的四大功能。

2.高校管理权力主体发生了重大变化

计划经济体制下，政府对包括高校在内的教育事业长期实行集权式管理。随着经济体制改革向纵深发展，各类市场主体逐渐介入一直相对保守的教育领域，政府的教育垄断地位受到动摇。高校管理权力主体的变化，使社会可利用的教育资源迅速增多，传统的精英教育向大众教育回归，作为公共服务形式的高等教育也从纯公共产品向准公共产品回归，提供高等教育服务产品的生产和供给途径，不仅有政府的公共途径，也有非政府的市场途径。"政府的公共教育权力受到市场机制的牵制和制约""市场的介入正促成一种新的教育资源分配方式和人才培养模式的产生，教育政策创新需求也随之而生。"

3.作为服务产品的高校教育效用发生了根本性改变

作为服务产品的高校教育效用即指大学生的求学目标，但用教育经济学的话语体系来讲，它包含了更广泛的含义。计划经济体制时期，人们上大学毕业后即成为国家干部，接受的高校教育是"公共产品"，大学生当然地得为"公家"工作一辈子，即使转换工作单位，也不是"跳槽"而是"调动"。大学生在高校学到的知识，不是个人的"智力财产"，而是没有知识产权的非营利品。那个时期接受高校教育的个体，并不考虑自己一生中教育的投入产出效益。当今的大学生，他们求学的目标具有多元性，高校教育不再只是"公共产品"。

今天大学生接受教育服务的"效用"，除具有一般的提升为社会服务的公民素质之外，更重要的在于职业技能的需要、创业能力的培养，并把其作为个人自我价值实现的某种手段。高校教育作为一种"准公共产品"，与传统的"公共教育"相比，不仅在效用形式上由单一化向多元化转变，而且在实现效用的方式上也由长期性向非长期性转变，个人教育投入产出还受到边际报酬递减或递增规律的制约。

4.高校教育形式发生了新的变化

除传统的校园式高校教育之外，诸如成人教育、远程教育、网络教育等新的教育形式不断涌现。高校教育形式的变化，还突出地表现为改革传统的教学形式的要求越来越紧迫。传统的"满堂灌"教学，注重知识本位培养的"逻辑推理式"教学，偏好于"通用"教材的"本本主义"教学，强调教师中心地位的考试制度等，在高校扩招速度加快、教育资源十分紧缺的客观条件下已不适应。

自由式的课堂讨论、案例教学、多样化的课程体系和教材体系、开放式的考试制度等，给高校教学形式改革带来了新气象。这些新的教育形式变革以及在探索过程中引发的争鸣，也为进一步推动高校教育形式变革提出了更高的要求。

总之，当今高校管理体制改革是立足于高校管理实践的基础之上，其目的在于，在高等教育理念革新的指引下，努力推动高校管理体制实现"三个转变"，即在高等教育理念上，把高等教育当成人们的公共服务需求，而不只是政府单一管制下的社会管理工具；在高等教育的社会功能作用上，把高等教育当成社会公共事业，而不只是政府的行政职能；在高校的社会地位定位上，把高校看作一个拥有充分自主权的组织，而不再只是政府的一个部门或附属机构。高等学校的这些变化，对高等学校管理体制改革提出了新要求。

第四章　新时期高校教育管理的理论基础与研究方法

第一节　高校教育管理的理论基础

一、古典管理理论

古典管理理论是指 19 世纪末 20 世纪初，西方管理理论总称。

19 世纪末 20 世纪初，科学技术水平和生产社会化有了很大程度的提高，尤其是资本主义经济由自由竞争进入垄断阶段，企业规模扩大，管理工作日益复杂，劳资矛盾进一步加剧，经济危机频频爆发。这一切表明，资本家原来那种家长式的行政管理和单凭经验办事的管理方法不能适应生产发展的需要。在这种背景下，资本主义国家的一些企业管理人员、工程技术人员开始进行各种实验研究，总结管理经验，探求提高劳动生产率的新的管理方法。其主要代表是泰勒的科学管理理论。

美国管理学家泰勒（F.W.Taylor）是科学管理理论的创始人，被称为"科学管理之父"。他在总结前人研究成果的基础上，通过管理方面的许多重要的试验研究如"搬运生铁块试验""铲铁砂和煤块试验""金属切削试验"等，提出了他的科学管理理论。

泰勒科学管理理论的主要思想可以概括为以下几点。

第一，科学管理的目的和中心问题可以提高劳动生产率。

泰勒认为，最高的劳动生产率是工厂主和工人共同达到繁荣的基础。它能使工人关心的较高的工资和工厂主关心的较低的劳动成本结合起来，从而使工厂主得到较多利润，工人得到较高的工资，进而提高他们对扩大再生产的兴趣，促进生产的发展，达到工厂主和工人的共同富裕。

第二，科学管理的精华是要求管理人员和工人双方实行重大的精神革命。

精神革命就是工人和工厂主之间不要对立，不要把注意力放在盈余的分配上，而应转向增加盈余的数量，在科学管理的基础上实现劳资双方彼此合作，共同致力于增加生产，提高效率。

第三，标准化原理。

标准化即通过对工人的每一个动作和每一道工序的分析研究，确定标准的操作方法，以代替过去工人单凭经验的操作方法。与此同时，实行操作所需要的工具和环境应标准化，并根据标准化的操作方法和环境的标准化，确定工人一天必须完成的标准的劳动定额。

第四，为了鼓励工人打破劳动定额，实行刺激性的差别计件工资制度。

第五，科学地选择"第一流的工人"，并用科学的操作方法来训练他们，使他们真正按科学的规律去操作。

第六，把计划职能和执行职能分开，使工人和管理部门分别执行不同的职能。

第七，实行职能组织制，将管理工作予以细分，使所有的管理者只承担一两种管理职能。

第八，实行例外原理。

泰勒提出高层主管人员为了减轻处理纷繁事务的负担，应把处理一般日常事务的权力授予下级管理人员，高层主管人员只保留对例外事项（重要事项）的决策和监督权。

泰勒的管理理论有许多弊病，所谓科学管理实际上是加强对劳动控制的手段，它使工人的意识和行动分离，丧失工作过程中的自主权，成为管理部门活的生产工具。所谓"高效率"是以工人极度紧张的劳动为代价的。然而，这毕竟是人类管理活动史上的一次变革，它反映了当时大机器工业生产中的某些客观规律，对以后的管理实践和理论的发展有重要影响。正如列宁所说的，泰勒的管理理论"一方面是资产阶级剥削的最巧妙的残酷手段""另一方面是一系列最丰富的科学成就"。

二、人际关系——行为科学管理理论

从 20 世纪 20 年代开始，资本主义经济发展进入一个新的时期，科学的进步、技术的发展使生产规模不断扩大，新技术成就广泛用于工业部门，资本主义生产越来越机械化、自动化。它不仅对生产者水平的要求越来越高，而且使生产者的"异化"程度越来越严重，人成了机器的附属品。如何使人摆脱机器的奴役，变被动劳动为积极劳动，成为新的研究课题。另外，由于工人阶级觉悟的提高，他们越来越要求经济上、政治上的民主权利，劳资矛盾进一步加剧。为了改善劳资矛盾，维护资本主义社会的稳定，西方学者开始重视对人以及人与人的关系的研究。

（1）人际关系理论

人际关系学说的创始人是美国哈佛大学教授梅奥（E.Mayo 1880—1949）。从 1924 年起，梅奥负责指导美国西屋电气公司霍桑工厂的试验研究。他们通过车间照明对生产效率影响的各种试验、工作时间和其他条件变化（如休息间隔、工间茶点）以及与全厂工人的谈话和对有关社会组织的试验分析，提出了他的人际关系学说。

（2）人是"社会人"

梅奥反对以往的管理理论中把人看作"经济人"的观点，认为人不单是追求金钱收入的，还有社会、心理方面的需要。人的思想行为更多地由感情来引导。因此，工资报酬、工作条件并不是影响劳动率的唯一因素，不能单纯从技术、物质条件着眼，而应从社会、心理方面来鼓励工人提高生产率。

正式组织中存在着非正式组织，这两者相互依存，共同影响着劳动生产率。

正式组织具有一定的目标，并由规章、制度、方针、政策等规定企业中各个成员之间相互关系和职责范围的一定的组织体系。非正式组织就是组织内部的成员在共同的工作过程中，由于共同的爱好、共同的倾向等共同的社会情感而形成的非正式团体。这些团体有自然形成的规范，其成员约定俗成地自觉服从。

梅奥认为，非正式组织可以保护工人免受内部成员忽视和外部人员的干涉所造成的损失。非正式组织涉及每个人，不仅工人中有非正式组织，管理人员、技术人员中也有。管理人员既要强化正式组织，又不能忽视非正式组织的作用。新型的领导能力在于提高工人的满足度，从而提高劳动生产率。

梅奥从"社会人""非正式组织"的观点出发，认为金钱、经济刺激对提高劳动生产率只起第二位的作用，起重要作用的是工人的情绪和态度，即士气。而士气同人的满足度有关。职工的满足度主要是指为获取安全的、归属的感觉等。满足度越高，士气越高，生产效率越高。他认为，在传统管理理论基础上形成的领导能力只重视物质、技术因素，不能适应工人社会需求方面的满足。新型的领导能力既要重视技术因素，又必须重视生产中的人的因素，关心团体中的人际关系状况，努力提高工人的满足度，最终达到提高生产率的目的。

梅奥的人际关系学说要求管理者按照人的社会特性来改进管理，这不仅是对古典管理理论的重要补充，同时也开辟了西方管理理论发展的一个新领域和新阶段。在实践上，人际关系学说为调动职工积极性提供了新思路和新方法，如重视职工的感情因素，努力为他们创造一种愉快的工作环境，采取民主的领导方式，使下级有建议、参与管理的机会等。

（3）行为科学管理理论

行为科学是运用心理学、社会学、社会人类学等科学理论和自然科学的实验、观察方法，研究人的行为产生的原因和影响行为的因素，以激发人的积极性、创造性的综合性学科。

霍桑试验的成功和梅奥提出的人际关系学说引起了学术界、企业界的极大反响。1949年，在美国芝加哥大学一次跨学科会议上，讨论了是否可能利用现有的科学知识，寻找出人的行为的规律问题。讨论中，与会者充分肯定了人际关系理论的一系列研究成果，认为在此基础上有可能也有必要建立一门新的综合性学科，经过讨论，最后确定用行为科学这一名称。20 世纪 50 年代以后，行为科学真正发展起来，并受到美国政府的支持。1952 年，美国建立了"行为科学高级研究中心"。1956 年，美国出版了第一期行为科学杂志。60 年代以后又出现组织行为学的名称，重点研究企业组织中的人的行为问题。现在这门学科已经被广泛应用到各个部门，特别是经济管理部门。有人称行为科学标志着由以物的管理为中心的时代向着以人的管理为中心的时代转移。行为科学理论也成为管理人员培训的必修课，一些著名大学还设有行为科学系和研究中心。

三、社会系统理论

西方的管理理论，在古典学派和行为学派出现以后，特别是在第二次世界大战以后，又出现了许多学派。这些学派，在历史渊源和论述内容上互相联系、互相影响。美国管理学家哈罗德·孔茨曾把这种情况形象地叫作"管理理论的丛林"，认为它是"走向统一的管理理论"的必经过程。至于这些学派的划分，在西方管理学界也是众说纷纭。这里介绍一些主要学派及其观点。下面简要介绍一下社会系统管理理论。

社会系统管理理论的创始人是美国著名的管理学家和企业家切斯特·欧文·巴纳德。他的代表作是 1938 年出版的《经理人员的职能》一书。在这本著作中，他把各类组织都作为协作的社会系统来研究，提出了一系列不同于传统组织理论的观点。他是继梅奥之后对于社会系统研究做出突出贡献的又一位代表人物，他的观点为现代组织理论奠定了基础。巴纳德的管理思想对西方管理理论进入现代管理理论阶段起着继往开来、承上启下的作用。美国当代著名管理学家哈罗德·孔茨把由他开创的管理理论体系称作社会系统学派。

他的主要论点是：

1. 组织是一个社会协作系统，是"两个或两个以上的人，有意识协调的活动和效力的系统"。

组织的差异在于物质和社会的环境、成员的数量和种类、成员向组织提供的贡献等。组织由人组成，而这些人的活动互相协调，因而成为一个系统。一个系统要作为一个整体来对待。系统有各种级别，一个组织内部的各个部门或子系统是低级系统，由许多系统组成的整个社会是一个高级系统。

2. 协作系统包含的三个要素。

（1）"协助意愿"，指的是组织中的每一个人为了能结合在一起而做到自我克制，将个人的行为纳入组织整体的行动体系。

这种协助意愿的大小跟个人为组织做出的牺牲与组织为个人提供的报酬之间有着密切的关系。

（2）"共同目标"，指的是组织中的人们是在共同目标基础上才进行协作的，个人的目标应当与组织的目标统一起来。

（3）"信息联系"，指的是组织成员只有相互沟通，才能对组织的共同目标有所理解，也才能产生协作的意愿和行为。

组织必须有高效率的信息联系渠道和称职的信息联系人员，以保证信息沟通的效能。

3. 在组织中经理是关键人物，他的主要任务是协调组织和人之间的关系。

经理既要实现组织的目标，又要满足人的感情、欲望和各种需要，实现态度、动机和价值观的变化。经理要充分发挥每个人的才能去实现组织的目标，就必须善于帮助他们克服物质的、生理的、心理和行为习惯的障碍。

4. 经理的权利只有被职工接受的时候才是有效的，因此必须加强彼此间的沟通。

要使职工相信经理提出的要求是全面的、合理的；他提出的要求既符合组织发展的需要，又满足个人的利益，也是自己有可能完成的。

5. 职工是组织的成员，他们要积极地参加组织的活动，并为组织做出贡献；组织要按照他们对组织贡献大小给予不同的奖励，这种奖励要等于甚至要大于他们对组织的贡献。

6. 非正式组织是不受正式组织管辖的个人联系和相互作用以及有关的人们集团的总和。

四、分层次教育管理理论

分层次教育管理是对教育领域客观存在的分层次现象加以分析研究，并实施优化的管理，使客体得到更有效的发展的一种管理行为。

系统论认为，任何一个整体都是由许多要素为特定目的组合而成的系统。系统组成的各要素之间，母系统与子系统之间，不是杂乱无章的、偶然的临时堆积，而是有机地组合，呈现结构化与层次性的特点。层次是"表征系统内部结构不同等级的范畴。任何系统内部都具有不同结构水平的部分，如物体可分为分子、原子、原子核、基本粒子等若干层次……系统内部处于同一结构水平上的诸要素，互相联结成一个层次，而不同的层次则代表不同的结构等级……系统内部的层次是客观存在的，而同一系统内部各层次之间界限又是相对的……层次作为对结构整体的解剖，表现着结构的有序性及结构整体所包含的差别性和多样性；而这种差别性和多样性又处在统一的有规律的联系之中""层次，事物的等级性、等级秩序是事物之间普遍差异性的表现。客观事物的某一参数（例如质量、能量、状态、范围）的变化，引起事物存在方式的质的变化，往往就会显示出事物层次性的变化。层次在自然界中普遍存在。从宏观到微观，从无机界到有机界，都可以见到这种层次"。由此可见，层次是相对于系统的，是普遍存在的，是分等级的；层次是会随着某一因素的变化而产生变化的；层次具有可被识别的差异性特征，表现为数量、质量、能量、等级、规模、尺度、范围等的差别。通过对系统中层次的差异性分析，实施由粗而精的分解识别，找到事物的内在联系和规律性，设计出解决问题的最佳方案，从而施以科学有效的干预，促进其朝着预定的方向发展，就能获取最佳的结果。

分层次管理就是在特定的环境条件下，为实现管理的最优化目标，对客体进行合乎目的的精细分层，并根据各层次的特点，设计相应的方法、策略，实施与层次相对应的有效管理，促进管理的有效性和高效率。发现管理对象的差异性，分解和识别层次，设计最优化的解决方案是分层次管理的重要环节。

分层次的教育管理，就是对教育领域"学群"内部客观存在的差异性，依据一定的目的和标准进行合理的层次分解，并运用相应的方法策略对其实施管理，以提高管理的质量和效率的科学方法。

概念中包含几个要素：

"学群"内部的差异性。这里的"学群"包括"学科知识群体、学生群体、班级群体、教师群体、学校群体"等。由于客观和主观各种因素的影响，"学群"内部的差异性是客观存在的，如果对其实施"一刀切"的管理方法，管理效果肯定不佳，且违背科学和规律。承认差异性，找出差异性，实施有针对性的差别化管理，是实施分层次教育管理的动因所在。

目的和标准。分层次教育管理的根本目的就是使各层次的学生（教师或事业）得到发展，从而实现全体学生（教师或事业）的更好发展。围绕这个目标选择合理的、符合客观事物内部逻辑关系的相应标准，正确地、科学地分解层次，并施以有效的方法，努力促进目标的达成。

分层次实施管理。把握各层次的特点，运用有针对性的方法、策略，实施与层次相对应的有效管理，避免管理错层或错层管理，提高管理的适配性。这是分层次教育管理的本质要求。

五、教育管理的伦理基础

教育管理的伦理基础应该说并非一个专门的概念，因此，能否精确地用文字概括出其特定的内涵，是一个现实难题。从构词法角度来讲，"教育管理的伦理基础"是由"教育管理"和"伦理基础"两个词语组合而成的。两者之间是一种偏正关系，即"教育管理"为偏，"伦理基础"为正。因此，对"伦理基础"的认识是理解"教育管理的伦理基础"内涵的关键所在。那么，"伦理基础"这一概念又应如何理解呢？

关于"伦理基础"这一概念，王本陆教授在《关于教育伦理学研究对象的再探讨》一文中论及"教育的伦理基础"问题时曾阐述道："教育的伦理基础或伦理本性，是对教育本质的一种伦理追问，是对教育基本伦理预设的审查，是对教育在长期历史发展进程中表现出来的伦理精神的概括。"在此基础上，文章进一步指出："在教育伦理哲学中，探讨和关注教育伦理基础或伦理本性问题，其焦点和核心在于追问构成教育合理性基础的伦理前提是什么，即教育成为教育而非其他物的伦理基础，它强调的是教育与其他物的比较以及教育的伦理预设。也就是说，教育伦理哲学的提问是从伦理学角度看，教育为什么是可能的？教育意味着什么？"可以看出，王本陆教授在这里将"教育的伦理基础"等同于"教育的伦理性"，并且其侧重的是从伦理性的角度来寻找教育的伦理性质和特征，也就是说，其"实质上是从伦理角度对教育本质进行的分析、把握和规定，是对教育进行伦理划界"。而在我们看来，伦理基础与伦理性是研究相关伦理问题的两个不同的视角，两者虽密切联系，但还是存在着一定的区别。对于两者之间的关系，我们可以具体到教育管理这一领域尝试做一分析，并在此基础上提出我们对教育管理伦理基础的理解。

众所周知，教育管理既是人类社会具体领域的一种实践活动，同时也是人类社会一种特殊的社会伦理文化现象。将教育管理作为一种伦理文化现象来研究，考察教育管理本身具有怎样的伦理性质和特征，这是教育管理的伦理性问题。广义的伦理性就是价值性。亚里士多德把伦理学规定为关于善的问题的研究，而善的问题就是价值问题。广义的伦理性其实就是把道德范畴提升到价值论的高度。据此视角审视教育管理，就需要考察教育管理作为一种教育活动的有效组织方式怎样体现着人的价值和给人带来了何种价值。而"体现人的价值追求则是管理得以存在的价值依据或价值前提"。具体而言，广义的伦理性是教育管理伦理发生的根本前提。显然，我们在这里所讨论的主要问题并非这种广义的伦理性，否则顺着这一思路去研究教育管理中的伦理问题，无疑会将伦理问题泛化，导致不能集中、典型地揭示出教育管理的伦理性质与特征。确切地说，我们这里使用的是狭义的伦理性概念，即特指教育管理作为一种伦理演化现象在运作过程中所体现出来的或本身所蕴含的伦理性质和特征。

而与伦理性视角不同的是，伦理基础视角则主要是将教育管理视为人类社会具体领域的一种实践活动，考察这种活动需要什么样的伦理价值体系支撑，才能得到有效的运作。换言之，从教育管理的运作基础来看，它需要什么样的伦理价值体系作为其支撑。很显然，这里的"基础"是指伦理作为教育管理在运作过程中的一个要素而言的。我们知道，教育管理作为一种对教育资源进行合理配置有效利用的协调性活动，欲得到有效运作，离不开相应的条件支撑与配合，有着其不可或缺的诸多要素。教育管理活动的要素涉及事实层面，也涉及价值层面。教育管理活动事实层面的要素是指与教育管理实践活动直接有关的、教育管理活动中所客观存在的那些要素，如教育管理活动中人的要素、资源和管理的要素、过程的要素、环境的要素以及方法和艺术的要素等。教育管理活动价值层面的要素是指人们以自己的价值观对教育管理活动进行认识，并对这些认识进行理论概括所形成的那些管理理念性的要素，主要由教育管理活动的本质、教育管理活动的职能、教育管理活动的效能、教育管理活动的原理、教育管理活动的原则，以及贯穿于上述诸要素之中的对教育管理活动和人自身发展关系的认识所产生的管理理念这一价值因素等范畴组成。

而伦理价值体系就属于教育管理活动价值层面的要素，具体而言，就是对教育管理活动和人自身发展关系的认识所产生的一种管理伦理理念。它贯穿于教育管理活动价值层面的各要素之中，在教育管理的协调活动中发挥着重要的支撑作用，深层次、基础性的导向规范着教育管理活动的实际运作。

当然，我们说教育管理的伦理基础与伦理性存在着区别，并不是否认它们之间内在的密切联系。这种联系具体体现为，教育管理伦理基础的确立并非一种主观臆想或者生硬强加的产物，而是有着其赖以存在的理论依据，这种依据就是对教育管理的基本伦理预设，即教育管理本身具有伦理性。正因为教育管理活动在其运作过程中本身就具有伦理性质和特征，所以，我们才可能有意识地培植与这些伦理性质和特征相对应的教育管理伦理观，确立相应的伦理规范，以发挥伦理在教育管理活动中的重要支撑作用。建立教育管理伦理观、确立伦理规范的过程，实质上就是探寻教育管理伦理基础的过程。

毫无疑问，当我们用"伦理基础"这一概念去揭示伦理作为一个重要因素在教育管理活动中发挥的作用的时候，使用的是结构的方法和分析的方法，即先把教育管理活动从结构要素上进行划分，显现教育管理活动各构成要素之间的关系，进而揭示出伦理作为一个要素是如何同其他要素结合在一起并发挥自身的作用的。在此基础上，再用分析的方法对伦理本身进行结构性分析。由于这种分析是在对教育管理的伦理性有了一定认识的基础上进行的，这样两者之间就有了某种程度的内在关联性。具体而言，伦理性视角是把教育管理作为一种伦理文化现象，其主旨在于通过对教育管理自身的本体论伦理追问，寻找教育管理本身所蕴含的伦理性质和特征。这种伦理特征可以说是人们通过经验得到的，所以，它似乎带有描述的性质。而当我们沿着这种思路将在教育管理活动中所表现出来的伦理特征和内容进行特征提炼和综合概括时，就形成了教育管理伦理基础的概念，即教育管理作为一种教育活动的有效组织方式所要求的"伦理价值取向模式"或"伦理范型"。这种"伦理价值取向模式"或"伦理范型"并不是作为一个客观对象摆放在那里的，而是我们对教育管理的伦理内容和伦理特征进行概括、总结以及提炼的产物，是使其实现由"自在"到"自为"转化的结果。这个结果不是被描述出来的，而是分析出来的。它并非教育管理某一方面的伦理内容或特征，而是一个有机的伦理价值体系，即由一系列在伦理方面对教育管理活动起主要支撑作用的观念和规范所构成。这种伦理价值体系的实现过程就是教育管理伦理基础展开的过程。这种展开并不是一种孤立的过程，而是与其他教育管理活动的要素有机地结合在一起，并在教育管理的协调过程中实现的。有必要指出的是，伦理基础与伦理性只是研究教育管理伦理问题的两个视角，事实上并不存在独立的伦理基础和伦理性，它们原本是统一的，正如教育管理既是实践活动又是伦理文化现象一样。

基于上述分析，可以尝试着给出对教育管理的伦理基础这一概念的理解，即所谓教育管理的伦理基础，是指教育管理作为一种教育活动的有效组织方式所要求的"伦理价值取向模式"或"伦理范型"。这种"伦理价值取向模式"或"伦理范型"乃是在伦理方面对教育管理活动起主要支撑作用的观念和规范所构成的一种伦理价值体系。

第二节　高校教育管理的研究方法

教育管理的方法论是指从事教育管理工作时的计划、策略、手段、工具、步骤的综合，是工作的思维方式、行为方式以及程序和准则的集合。一般来说，包括宏观的指导思想、工作方式或方法和具体的工作技巧和技术。要研究教育管理的方法论问题，首先要明确教育管理系统的性质、教育管理理论与实践的关系、教育管理的方法论范畴等问题。

一、教育管理中"实事求是"的方法论含义

（一）实事求是的方法论含义

"实事求是"一词源于东汉史学家班固所撰的《汉书·河间献王传》。史载，汉景帝之子刘德喜好学问，广泛搜集散落于民间的古代文献典籍，"修学好古是也，实事求是"。以后，唐朝颜师古注"实事求是"四字，谓"务得事实，每求真是也"。"实事求是"泛指一种求真务实的治学、治国、处世态度。

实事求是是与马克思主义唯物论相一致的。物质第一，意识第二，物质决定意识，意识反作用于物质，这是辩证唯物主义的基本原理。告诉我们无论干什么事情，都必须从客观存在的事物出发，而不能从主观出发。实事求是包含着辩证法的观点、联系的观点、发展的观点，我们应该用联系的观点、发展的观点去看这些问题，而不能用孤立的、静止的观点看问题；人们要认识事物，就必须不断地实践，实践是认识的来源和发展的动力，实践也是检验认识正确与否的唯一标准；实事求是就是一个"实践、认识、再实践、再认识"的过程。

（二）实事求是与解放思想

解放思想，就是"在马克思主义指导下打破习惯势力和主观偏见的束缚，研究新情况、解决新问题""就是主观与客观相符合，就是实事求是"。

解放思想体现了唯物辩证法的本质，保持积极的、不断探求的思想状态和思维方式，而这正是唯物辩证法的本质所在。

辩证法对每一种既成的形式都是从不断的运动中，从它的暂时性方面去理解；辩证法不崇拜任何东西，按其本质来说，它是批判的和革命的。唯物辩证法的这种批判、革命的本质，告诉人们不能故步自封、墨守成规，必须不断解放思想、实事求是、有所发现、有所创新、有所进步。

（三）实事求是和与时俱进

与时俱进，就是要求在思想上、理论上与时代同进步，站在时代的前列，不断推进理论创新；紧跟时代发展的步伐；既坚持马克思主义的立场、观点和方法，又要在实践发展中不断检验和丰富这一伟大学说，不断推向新的发展境界，而不是因循某些原理、结论、章句，教条主义地生搬硬套，削足适履。对马克思主义与时俱进理论品质的概括和运用，是从历史和现实生活、从马克思主义理论自身发展的状况得出的科学结论。

实事求是、解放思想、与时俱进是一脉相承的，是一致的。实事求是，就是要一切从实际出发，以务实求是的态度去探索事物的本质；解放思想就是在发现问题、分析问题、解决问题时不囿于成见，敢于探索，勇于实践，勇于创新；与时俱进，就是要求我们的思想、观点、方法等不断发展，与时代共进，同时要不断创新，大胆突破。

在教育管理的理论研究和实践探索中，要以"实事求是、解放思想、与时俱进"的方法论为指导，从教育管理实践第一线出发，实事求是地发现实践中存在的问题，在探索解决问题的方法过程中，解放思想，用联系的、发展的眼光看问题、寻找解决问题的方法。同时，要在具体的教育管理实践中不断地检验管理理论和管理手段方法的正确性和可行性，坚持"实践，认识，再实践，再认识"的路线，不断地使教育管理理论趋于成熟，并坚持与时俱进的原则，不断地在实践中检验理论，使理论保持与时俱进，适合于不断变化和发展的教育管理实践的要求。

二、教育管理中的方法论范畴

（一）科学主义与人文主义

科学主义思潮是现在西方一种最广泛的哲学思潮，由孔德、穆勒、斯宾塞等实证主义者开创，并和实证方法结合称为科学实证主义思潮。其中包括马赫主义、实用主义、以逻辑实证主义为主要形式的各种类型的分析哲学以及当代科学哲学。

科学主义和人文主义在历史上一直作为两种主要哲学思潮对立地发展着，并且随着时代的发展和思想的进步，两者互相融合、互为消长。

1. 关于科学主义

严格地说，科学主义应界定为把自然的常规视为其他社会科学的常规；社会科学的知识，唯有经由科学方法之后而得之。

科学主义否定哲学是关于世界观的理论体系，从而否定哲学应当研究自然界、社会和思维的一般规律，否定哲学应当研究整个世界的基础和本质，否定思维和存在、精神和物质的关系问题是哲学的基本问题，要求把哲学改造成像实证科学一样的科学，或成为与世界观无关的科学方法论。

科学主义思潮借口要避免、超出或拒斥"形而上学"的回避对世界观、本体论的问题做出明确的回答，企图把哲学变成与世界观无关的纯粹认识论或者科学方法论。

2. 关于人文主义

科学主义思潮企图将科学与人统一起来，按照现代科学的精神来解释人以及有关人的问题，一般不把人的本性、本质看作某种神秘的、非理性的东西，而往往企图用某种自然科学的理论来对人做出说明，使关于人的理论具有某种理性的和自然主义的色彩。

在汉语中，"人文"与"天文"相对。人文是区别于自然现象及其规律的人与社会的事物，核心是贯穿在人的思维言行中的信仰、理想、价值、人格和审美情趣，人文的核心就是人们常说的"人文精神"，是人文的精髓。人文主义反映在教育管理上就是强调以人为本的管理思想，重视情感力量的巨大价值。人文精神是推动社会文明进步的巨大动力，许多感觉、精神方面的事物是无法用科学来精确衡量的，因此要用人文主义弥补科学主义的缺憾。

科学主义与人文主义的区别还体现在以下方面：在方法论上，科学主义重视理性，注重经验和逻辑分析法，人文主义强调直觉体验和解释等方法；在人的发展问题上，前者注重知识和智力的发展，后者注重情感、意志的发展。随着科学技术的运用，一系列社会问题、环境问题、生态问题使科学主义面临巨大的挑战，在反思科学主义的过程中为人文主义的发展提供了契机，科学主义与人文主义也表现出互相融合的趋势，人们将科学的价值和人的价值辩证地对待，不再片面地、绝对地强调其中的某一个，使社会的发展和科学的进步，在充分满足人的需要、实现人的价值的同时，促进自然、生态、人类社会的和谐与可持续发展。

科学主义和人文主义的对立和融合反映在教育管理方面，就是要在教育管理中，将以人为本的管理理念与科学的、先进的管理方法、管理手段结合起来，促进教育管理的人性化和科学化。在教育管理实践中，教育管理者要尊重教师和学生；在各项教育制度、政策、目标的制定与选择上，要以教师、学生的利益为出发点；在教育决策、教育管理中要积极鼓励教师、学生的参与，充分发挥他们的主体性，建立尊重的理念。同时，在教育管理研究和创新中，以先进的科学技术和科学方法为指导，不断地发展和创新教育管理理论、技术和方法，发挥科学技术的现实作用。

（二）集体与个人

教育管理的主体是人，客体主要也是人，即个人和集体，因此，只有正确地认识个人和集体的关系，才能更好地发挥个人的作用，使教育管理更加科学化、规范化、民主化。

个人，即普通个人。对普通个人的理解，更多的是通过个人和集体的关系表现出来。集体是指由某种共同纽带联系起来的人群共同体。维系集体的纽带不是单一的，经常起作用的有经济、政治、思想、血缘等关系，集体就是一定数量的个人由这些关系联结而成的各种各样的社会集团。总的来说，个人是集体的基础；从根本上来说，集体是个人活动的产物，集体依赖于个人。而当一定的集体形成以后，又作为一种既成的力量，制约和影响着个人的发展。

马克思曾说："每个人的自由发展是一切人的自由发展的条件。"另外，他在《德意志意识形态》中也提到："只有在集体中，个人才能获得全面发展其才能的手段，也就是说，只有在集体中才可能有个人自由。"许多教育家如马卡连柯、克鲁普斯卡娅等都非常重视集体教育，他们都认为集体主义教育是重要的教育理论和实践问题。

个人对集体的作用具体表现为：集体中个人的质量、能力的状况，是整个集体的状态和功能的基础。个人的素质高、能力强、表现积极，会感染、带动周围的人，使集体的状况和功能得到很好的发展；反之，就会使人离心离德，使整个集体软弱涣散。个人力量发挥的程度影响着整个集体的力量：在集体协作中，当所有成员都积极发挥个人力量，齐心协力有机配合时，整个集体的力量就能得到增强；反之，集体的力量就会分散和削弱。

集体对个人的影响和制约有以下几个方面：社会生产和生活的集体是个人得以存在的条件和方式，集体使个人的利益得到满足。无论在何种集体中，集体总是要在某种程度上满足其成员的个人利益，否则，这种集体既不能存在，也不能维持。从总的趋势上说，正是集体使个人的聪明才智得到发展：集体中个人的力量形成新的联系，使个人的力量得到发挥和增强。马克思曾经说过，个人是微弱的，整体就是力量；不同性质的集体中，个人的作用得到不同程度的发挥。在虚假的共同体中，由于集体是独立于个人的，个人的作用总是得不到很好的、充分的发挥，而在真正的共同体中，集体和个人都是统一的，因而个人的作用能够得到充分的发挥。

个人和集体的作用是相辅相成、互为依存的。例如，在教学中，必须调动集体与个人两方面的积极性与主动性，才有可能获得好的学习效果。教育管理中，要认真领会集体与个人辩证统一的方法论含义，处理好个人与集体的关系问题。例如，在教育管理者及普通教师的聘任上，要严格考核他们的综合素质和能力，选拔出真正适合岗位需要的具备一定管理才能和特质的领导者和具备教师技能、技巧的教师。另外，在领导队伍建设中要使不同才能、不同特长、不同个性特征的管理人员组织在一起，形成一个在年龄、性格、专长等方面搭配合理的队伍结构，使集体的功能和作用得到更好的发挥。又如，在教育系统的组织关系处理上，要正确对待正式组织和非正式组织的关系，并注重培养个人的组织荣誉感和忠诚度，使教师个人或教育管理者个人在组织中发挥重大作用。另外，在处理集体利益与个人利益问题上，教育管理者要从利益均衡出发，尊重个人的利益实现，在不损害集体利益的基础上尽量满足个人利益，使他们在利益满足和实现的基础上，充分发挥自己的聪明才智，为集体服务等。

（三）事实与价值

价值论是哲学理论的有机部分，是哲学理论层次上的一个分支，"价值"是一个很古老、十分广泛的概念。价值论是关于价值及其意识的本质和规律的学说。价值从定义上来说，特指主客体关系的一种内容，这种内容就是：客体是否满足主体的需要，是否同主体一致，为主体服务。

在价值论研究中，许多西方哲学家都提出了不同的见解：有的将价值哲学划归为人文科学，认为价值判断只能应用于道德、宗教等方面；有的对价值论进行层次划分，认为经济价值是最低级的价值，宗教价值是最高级的价值；有的提出了绝对价值与相对价值、客观价值和主观价值等不同的划分标准。而最早提出事实和价值区分的是休谟，他认为事实的知识是从经验观察得来的，并且是由经验验证的，是靠得住的，但是关于善与恶、正义与非正义的知识，即价值的知识，不是从经验得来的，也不可能由经验来证明和反证，是不可捉摸的，无所谓真理与非真理。随后，康德和黑格尔对休谟的价值论进行了批判。康德主张绝对价值，造出一个经验的真理性的价值根据。而黑格尔虽然将事实与价值统一起来，但建立在唯心主义的基础之上。

马克思关于价值的定义是从人们对待满足他的需要的外界物的关系中产生的，认为价值是客体对主体需要的满足，价值取决于客体，是客体的主体效益，是客体对主体需要所产生的一种关系。事实判断与价值判断是辩证统一的，也只有统一起来才能科学地说明价值中的诸多客观问题。事实和价值是既互相区别又互相联系的一个事物的两方面，但是，从其最终的结局来看，这两个方面总是要统一起来的。价值与事实的界限非常分明，两个领域的规则也迥然不同，在价值领域追问原因那是找错了地方，在事实领域寻找价值也不会有什么结果。过分强调价值与事实的区别是错误的，价值问题是在事实问题的基础上产生的，价值问题的解决也有赖于事实问题的解决。正确的态度是重视价值问题与事实问题的区别和联系，分别按其各自的特性研究并解决价值问题和事实问题。

理性主义者总是割裂事实与价值的关系，而实用主义者把真理说成是获得"满意的结果"，又在主观唯心主义的基础上把事实和价值混为一谈。只有坚持唯物辩证法，克服唯心主义和形而上学，才能正确地解决事物的真实性与合理性的复杂关系。

事实是客观的，而价值是主体选择的，事实和价值紧紧缠绕在一起。例如，"一年有四季"这个命题是一个事实描述，而在春夏秋冬的选择上每个人的喜好是不同的，这就涉及价值判断。又如，"这是一支红色的花朵"这个命题是纯粹的事实描写，而"红色的花朵给人以热情奔放的感觉"这个命题就是一个价值判断。

在教育管理中，许多管理问题都涉及事实与价值的问题，因此要正确理解事实和价值的区别与统一，辩证地看待价值问题，坚持实践是检验真理的唯一标准，人的实践活动是实现事实与价值统一的基础，把认识论和价值论在实践的基础上统一起来。

三、教育管理研究的几种方法尝试

在教育管理的理论和实践研究中，定性分析和定量分析是两种最基本的方法，且这两种方法可以互相结合，综合运用，以弥补各自在研究中的不足。随着社会科学研究的不断深入，又有许多研究方法被尝试引入教育管理研究中。下面介绍三种主要的教育管理研究方法。

（一）定性研究

定性研究是对事物发展的过程以及结果所做出的性质的分析和研究。定性研究特别适合教育这类实践性比较强的学科，因为它强调对社会现象的深入了解，尊重实践者对自己行为的解释，有利于问题的解决和促进教育实践的发展。运用定性研究方法，一方面有利于从整体上把握教育活动，另一方面有利于对教育现象做比较全面和正确的认识。

定性分析的根本做法是哲学的方法，思辨是它的基本特点，它倡导思辨的方式，比较事物的异同，概括事物的类型，把握事物的规律。它要回答的不是数量上的多少和变化，而是性质上的"是什么""属于什么"，它分析的是"原因是什么""发展过程的变化状况如何"。在教育管理实践中，事物的起因、经过、结果大多是不能用数量来描述的，因此不能进行数量分析，只能运用定性研究来探究事物的性质。

定性研究的主要优点是能够动态地对事物进行比较深入细致的观察和描述，跟踪式的过程分析，避免静止、僵化的量化研究，并且可以根据原有的理论、经验、判断，运用思维对事物或现象做出本质的描述和概括。定性研究常用的方法有观察法、归纳与演绎法、分析与综合法、逻辑证明法等方法。

1. 观察法

观察法是指研究者在自然条件下，通过感官或借助于仪器对教育现象和过程进行有目的的感知和描述，从而获得经验和事实的一种研究方法。运用观察法可以为科学研究搜集大量的第一手资料，并为检验科学理论提供依据。观察法是各学科搜集资料、取得感性认识的基本研究方法。科学经验表明，许多科学家十分重视观察，大量的科学成果来自观察。如我国古代著名医学家李时珍，走遍祖国名山大川，采集标本，进行观察，最后终于完成《本草纲目》。观察法是教育管理研究最基本、最普遍的方法，是教育科学研究搜集资料的基本途径，是其他研究方法的基础。

2. 归纳与演绎法

归纳与演绎法是最基本的思维方法。归纳是从个别上升到一般的方法，演绎是从一般到个别的方法。归纳是演绎的基础，演绎是归纳的前提。

归纳法一般有完全归纳法和不完全归纳法。前者是根据某类事物中每一个对象都具有

（或不具有）某种属性，从而概括出该类事物的全部对象都具有（或不具有）某种属性的方法；后者是根据某类事物的部分对象具有（或不具有）属性，从而推论出该类事物的全部对象都具有（或不具有）某种属性的方法。

演绎法是从更高抽象层次的公理、定理、法则或学说出发，运用逻辑推理得出支持或否定假设的结果。它有多种多样的模式，较为广泛使用的是假言推理。假言推理是前提中至少有一个假言判断，并根据假言判断中前件与后件之间的关系推出结论的一种演绎推理。

3. 分析与综合法

分析与综合法是更深刻地把握事物本质的方法。分析是把整体分解为各个部分，然后逐个加以研究的方法；综合是把分解出来的各个部分加以整合，达到对事物整体的认识。分析是综合的基础，综合是分析的完成。

另外，定性研究还有科学抽象法、逻辑证明法、矛盾分析法、比较分析法等方法，它们对教育管理的宏观或微观研究都有较好的方法指导作用。但定性研究具有不精确的特点，而且在研究中没有足够的原始资料做基础，主要采用一种形而上的思辨方式，因此定性研究的某些不足需要由定量研究来弥补。

随着质化研究的不断深入和推广，定性研究和质化研究的界限已越来越模糊，两者似乎已没有什么本质区别，定性研究也似乎被质化研究所兼并，但定性研究大都没有原始资料作为基础，主要采用一种形而上的思辨方式，这与质化研究是不同的。

（二）量化研究

近年来，随着现代科学技术手段的迅猛发展和日益更新，许多教育研究已越来越离不开数学、计算机科学、逻辑学等学科知识和技术支撑，教育管理研究也朝着研究方法综合化、研究手段技术化、研究过程高效化、研究结果数量化的方面发展。

所谓量化研究是对事物发展过程和结果进行数量的分析。量化研究一方面可以像定性研究那样反映教育现象的特征；另一方面可以作为一种描述工具，对复杂的教育问题、教育过程做客观和准确的分析和描述。量化研究的优点是将复杂的教育问题、教育现象做数量化、模型化的分解和描述，使研究目的、过程较为清晰，使研究者容易把握研究过程；且研究过程较为严密，有严密的逻辑推理、证明和科学化的分析，有较为客观的科学依据，研究结果比较精确。但是，在教育管理研究实践中，有许多教育现象和问题是不能用数量或模型来描述的，不宜做量化研究。因此，定量研究要和定性研究结合使用。

量化研究的方法和技术很多，如调查研究、实验研究、预测研究、统计研究等，下面具体介绍这四类研究方法。

1. 调查研究

调查研究是研究者通过观察、问卷、访谈、个案和测验等方式，搜集研究调查对象的有关资料，通过对所掌握的资料进行分析和总结，以达到对研究对象科学认识的一种研究方法。它是教育科研中运用最广泛的基本方法，被大多数教育研究工作者所推崇和使用。

调查研究法的基本特点是：首先，它是对现实的或历史的教育现象的有计划的、全面系统的考察，以弄清事实的真相，把握事物的相互关系，预测其发展变化的趋向，并概括出某种规律性的认识或者提出解决问题的方案或基本思路。其次，调查研究是在自然状态下进行的，有助于研究者的研究不受其主观意志的左右，保持研究的客观性和真实性。最后，调查研究的目的是客观地反映和描述研究对象的情况，帮助研究者掌握研究对象的客观的、真实的情况，为进一步的理论研究或实践研究提供事实依据。

调查研究的具体方法：一是观察法。观察法的主要特点是通过直接感知收集研究材料和认识现实。观察法的运用可以获得观察客体不愿呈现的若干行为资料，观察者可以获得直接的感性认识。二是问卷法。问卷法是一种间接的调查法，将研究问题编制成若干相关的书面调查表，通过分发或邮寄的方式给被调查者填写，然后收回整理、统计和加以分析。三是访谈法。访谈法通过直接对调查对象的访问谈话来收集研究材料，分析问题。访谈法包括个别访谈、座谈会等形式。座谈会是选择一部分有代表性的人员参加座谈，面对面地征询意见、调查情况、获得资料。访谈法要求访谈者运用各种访谈技巧，注意访谈的计划性和目的性，灵活运用各种提问方式，引导被访谈者围绕问题中心来回答问题。四是文献法。文献法是通过查阅收集、鉴别整理用各种符号形式保存下来的有关事实材料，并加以专门研究以形成科学的认识的方法。

2. 实验研究

实验研究就是根据研究目的，运用一定的手段，主动干预或控制研究对象，在典型的环境中或特定的条件下进行的一种探索活动。它是搜集科学事实、获取感性材料的基本方法之一，也是形成、发展和检验理论的实践基础。

由于实验可以人为地控制有关条件，因此，它具有如下特点：一是实验可以使人观察到在自然条件下所遇不到的情况，从而扩大研究的范围；二是实验可以把某种特定的因素分离出来，以便于分析某一特定因素的效果；三是实验便于测量，并从而获得比较可靠的研究成果；四是实验可以重复验证。

实验研究的基本程序：一是做好实验设计；二是按照实验设计进行实验，对实验进行处理，观测所产生的变化情况，记录实验所获得的资料、数据等；三是对实验中所得到的资料数据进行处理分析，确定误差的范围，从而对研究假设进行检验，得出结论；四是撰写实验报告，进行重复实验或扩大实验的范围，以保证实验研究结果的信度和效度。

3. 预测研究

预测研究是运用预测的技术和理论以及各种经验和知识，分析和解释研究对象发展变化的特点和规律，然后根据这些特点和规律对研究对象在未来一定时期的可能变化情况进行分析、预测和判断。在教育领域内，任何教育现象都受一定条件的约束，都具有相对客观、普遍、重复和稳定的特点，只要我们认识了这些特征，就能抓住一些规律对教育进行预测。

预测的基本原理：一是连续性原理。任何事物的发展都分过去、现在和将来三个阶段，在事物发展过程中，只要其本质不变，该事物的过去、现在和将来就遵循着相同的规律。二是因果性原理。任何一种教育现象的产生都是一种或几种现象引起的，引起某种现象的现象叫原因，被某种现象引起的现象叫结果。因果相互作用的无限延伸就形成了因果链条，在一定的因果链条范围内，只要掌握了事物发展的现实原因，就可以推知事物发展的结果，这就是因果原理。三是相似性原理。客观事物之间虽然千差万别，但只要不同的两个事物之间具备了"发展程度"和"内外条件"的相似性，就可以根据其中一个已知过程及其相应的变化或结果推知另一个未知过程及其相应的变化。

预测研究的基本程序：一是明确预测的目标和任务；二是搜集信息；三是确定预测方法；四是进行实际预测；五是预测结果评价。

4.统计研究

统计研究是以概率论为基础的，用科学的指标和分类方法对社会事实进行数据特征和数量关系的分析研究，它在应用复杂数学方法研究社会事实的情况下对社会事实的了解更为精确。

统计研究的特点如下：首先，统计研究可以用简洁明了的方式对调查研究的结果做出很精确的描述；其次，对事物的发展变化提出科学的预测性意见，为制订最佳决策方案、有效的规划提供科学的依据。但在统计研究中一般要坚持以下原则：真实性、客观性、统一性、整体性。

统计研究的一般步骤：一是确定研究目标；二是选定统计方式；三是择定变量类型；四是进行统计分析；五是运用统计推论；六是推论总体（母体）情况。

（三）质化研究

质的研究是以研究者本人作为研究工具，在自然情境下采用多种资料收集方法对社会现象进行整体性探究，使用归纳法分析资料和形成理论，通过与研究对象互动对其行为和意义建构获得解释性理解的一种活动。

1.质化研究的主要特点

第一，自然主义的探究传统。首先，质化研究必须在自然情景下进行，对个人的"生活世界"以及社会的日常运作进行研究。自然探究的传统还要求研究者注重社会现象的整体性和相关性，对所发生的事情进行整体的、关联式的考察。

第二，对意义的"解释性理解"。质化研究的主要目的是对被研究者的个人经验和意义建构做"解释性理解"或"领会"，研究者通过自己的亲身体验，对被研究者的生活故事和意义建构进行解释。

第三，研究是一个演化发展的过程。质化研究是一个不断演化的过程，不可能"一次定终身"。在这个动态过程中,研究者和被研究者都可能会变,收集和分析资料的方法会变,建构研究结果和理论的方式会变。变化流动的研究过程对研究者的决策以及研究结果的获得会产生十分重要的影响,研究过程本身决定了研究的结果,因此需要对其进行细致的反省。

第四,使用归纳法。质化研究在收集和分析资料时走的是自下而上的路线,在原始资料的基础上建立分析类别。分析资料和收集资料同时进行,以便在研究现场及时收集需要的资料,从资料中产生理论假设,然后通过相关检验和不断比较逐步得到充实和系统化。

第五,重视研究关系。质化研究不可能设想研究者可以脱离被研究者进行研究,因为正是由于双方之间的互动,研究者才可能对对方进行探究。质化研究对伦理道德问题非常重视,在研究开始之前需要事先征得研究对象的同意,研究结束后还要给研究对象以适当的回报。

2. 质化研究的步骤

第一,质化研究的研究设计。其主要包括以下内容:研究对象与问题,研究目的和意义,研究的背景和知识,研究方法的选择和运用,研究的评估和检验手段。一般选择的问题是"有意义的问题",而且是属于解释性和描述性的问题,问题应该限定在一定范围内,不能太宽也不能太窄。研究的目的指的是研究者从事某项研究的动机、原因和期望。在研究设计中,对研究的每一个步骤都要设计好适用、恰当的方法,如进入现场的方法、收集资料的方法、整理资料的方法、分析资料的方法、建构理论的方法等。

第二,研究对象的选择。研究对象包括研究的人、时间、地点、事件等,要根据研究的问题确定研究对象的特征、调查对象的样本大小。另外,还要注意研究关系对研究的影响,研究者的个人因素如性别、年龄、文化程度等,研究者和被研究者的关系(如朋友、熟人或者上下级关系等)都影响到研究结果的客观性,因此在研究对象的选择上要慎重考虑,以保证研究的规范性和有效性。

第三,进入现场。在确定好研究对象之后,就需要接触研究对象,与他们交流,获取第一手资料。在进入现场之前,要征得研究对象的同意,尽可能对研究对象有个全面的了解。在与他们接触时,要主动介绍自己和自己的研究目的,就研究的时间、地点、步骤等事宜与对方达成共识。在选择进入方式上,要根据具体情况具体安排,要选择尽量自然的方式,使访谈和观察等研究方法在自然情景下进行,以获取最客观的资料。

第四,研究者与研究对象的访谈。在访谈时,主要采取开放型和半开放型的访谈形式。开放型通常没有固定的访谈问题,访谈形式不拘一格。在半开放型访谈中,对访谈的结构和问题要有一定的安排和限制,在访谈开始前要设计好访谈提纲,将访谈的问题进行一个粗线条的描写,尽可能简洁明了。但在访谈时要注意灵活机动,不能拘泥于提纲,也不能固守提纲,不能展开。在访谈中,态度要真诚、友好、积极、平等,争取在情感上与研究对象达成共识，要友善地提问、仔细地聆听、适时地给予回应，并要做好访谈记录。

第五，收集实物。"实物"包括所有与研究问题有关的文字、图片、音像制品等。收集实物可以用来与从其他渠道获得的材料进行补充和相互检验。收集实物时，如果是私人物品，或是不便公开的物品，要事先征得相关人员和部门的同意。

第六，整理和分析资料。在访谈和收集实物的过程中，要对所得资料进行归类整理，并且根据扎根理论等对资料进行分析，从而建构理论。

第七，撰写研究报告。例如，我们做"教师的职业倦怠的调查研究"时，如果采用质化研究，那么我们首先要对这一问题进行研究设计，将其研究目的、对象等进行安排。先选择几名教师作为研究对象，当然这个研究对象要与研究问题契合，选择那些在教学工作中有一定倦怠的教师，使研究有针对性。再设计好研究步骤、研究问题，列出访谈提纲。与被研究的教师进行协商，确定好访谈的时间、地点等，事先将研究目的等对被研究者进行交代，使他们能够与研究者进行配合，使研究顺利进行，并且获得最满意的结果。对每位教师进行 2~3 次的访谈，探究他们职业倦怠的真正原因，帮助他们解决职业倦怠的问题，并且对学校管理等提出指导性的建议。经过几次访谈和对教师的观察，对访谈材料进行整理，找出教师职业倦怠的深层次原因，建构自己对于教师职业倦怠问题的认识和理论见解。

质化研究是一种很好的教育管理研究方法，在教师管理、学校管理等许多方面都可以运用质化研究。

四、层次划分的常见方法

（一）观察分析法

观察分析法，是指管理者依据一定的目的和拟订的计划方案，对管理对象所呈现的各种现象实施有意识地察看、记录，并进行客观分析和评定归类的方法。现象是人或事物在发展、变化中所表现出来的外部形态，能够看到、听到、闻到、触摸到的。管理者通过对观察到的现象进行细致、客观的分析和综合评定并进行归类，可以确定其相应的层次和类别。澳大利亚教育家凯斯·斯密斯曾经如是说："我一跨入校园，便开始了我的观察和评定工作。如果我步入校园的时候恰好是课间休息期间，我往往会叫住一个正在玩耍的学生，向他打听校长办公室在哪里。这时，假若这个学生只是随便用手一指远处的楼房说:那儿！由此，我便可以基本断定：这所学校不怎么样。因为这说明该校的学生与校长之间的关系不怎么样。假若这个学生能把我领到校长办公室的门口并告诉我说：'在里面。'我即可断定：这是一所管理水平一般的学校。但是，如果我的这位向导能把我一直领进校长的办公室，并将我介绍给校长的话，那么，我即可断定：我来到了一所好学校。24 年的经验已经证明了我的判断基本正确。"尽管凯斯·斯密斯的说法有点偏颇，但观察分析法确实是一种简单易行、行之有效的分层分类的方法。一般在接手新班级后，大多数班主任都会采用此方法。

观察分析法的最大优点是，能在客观、自然的状态中获取比较真实的材料，并利用这些材料分析、评定出被观察者的真实状况。因而，观察分析法在平时被教育工作者和研究人员经常、广泛地运用。我国教育家陈鹤琴曾以日记的方式，连续808天记录了孩子从出生之日起的观察情况，积累了丰富翔实的第一手资料。苏联教育家赞可夫，为了研究"使全班学生包括后进生都得到发展"的问题，和研究人员长期在教室后面，隔着窗口，进行课堂观察记录。苏霍姆林斯基为研究道德教育问题，先后对3700名左右的学生做了观察记录。观察分析法是认知教育现象最基本的方法。

按不同的标准分类，观察分析法可分为系统观察和随机观察、参与式观察和非参与式观察、自然观察和控制观察、直接观察和间接观察、结构性观察和非结构性观察等。其中，系统观察分析法不仅要求有系统的观察客体构成的要素、结构功能以及发展的过程，还要求运用系统论的原理，对子系统诸要素、层次、功能、环境条件、相互关系等进行观察分析，准确把握整体与个体的关系。在具体实践中，选用何种方法要根据不同的要求和不同的目的。

观察分析法的实施一般分三步：第一，前期准备。包括制订计划和观察提纲，准备记录表格和观察设备，培训和演示。第二，观察和记录。要坚持客观性、全面性和典型性的原则。第三，材料整理与分析研究。以事实为依据，以理论为指导，力求抓住事物的本质特征。

如何做好观察记录，是观察分析法实施中的重要环节。一般有符号式记录、肯定否定式记录、文字式记录和实录式记录。

符号式记录：在预先设计好的表格或内容上画规定的符号，以表示等级、频率、选择等。

肯定否定式记录：在预先设计好的表格或内容上写上结论，表示肯定与否定、对与错、是与非等。

（二）测试归类法

测试归类法，是指运用测试和测量的方式评定层次与类别的方法。常用的心理学范畴的测试有智力测试、情商测试、职业倾向测试等，教育测量范畴的有累加求和法、加权求和法、标准分数法等。下面重点介绍职业个性倾向测试分类的实施方法。

职业个性倾向测试的目的是为了协助个人了解自己的职业兴趣和职业倾向，以便及早为自己的职业生涯做好准备。在职高学生、高三毕业生与大学生中使用较多。其方法步骤为：第一，准备测试题，一般为60～120道题目；第二，进行现场测试；第三，统计结果；第四，综合分析，提出分类建议；第五，拟订发展规划并及时进行修正。

（三）调查研判法

调查研判法，是指在自然条件下，通过开调查会、问卷、访谈等方式搜集资料，以研究判定"学群"的层次、类别的方法。采用调查研判法要特别重视两个方面：一是要确保搜集到能比较客观、全面反映调查现象的材料，保证材料的可靠性和真实性；二是要认真、深入地分析研究调查得到的材料，最大限度保证结论的客观性和准确性。因此，在实施的过程中要尽可能采用统一的调查问卷、统一的调查表格、统一的记录方式、统一的统计方法和统一的分层分类标准。使用问卷和调查表进行调查，是两种常用的方式。

（四）自然分层法

客观事物在发展变化过程中，其自然属性会呈现出显著的、稳定的差异性。根据这种稳定的差异性，人们可以运用直觉进行识别，实现分层分类。比如，在学生群体的管理中，通过各种活动我们会发现他们有的具有音乐天赋，有的具有美术天赋，有的具有语言天赋，有的具有运动天赋，有的具有表演天赋，我们就可以按其类别进行合理组合，实现分类管理。有的学校在招生时，就有五年制、三年制和三加二混合制等多种类型，按其类型分别实施教育和管理是顺其自然的结果。在分层次管理的实践中，有按年龄阶段划分层次、按人员的成长阶段划分层次、按年级培养目标划分层次、按大学办学定位分层次、按现行行政区划分层次、按工作职能分层次等，都可以凭其自然特征，进行自觉地识别分层分类。

第五章　新时期高校教育管理过程研究

任何一种管理都是一种活动过程。高校教育管理也不例外。所谓高校教育管理过程，就是指在高校管理者的协调管理下，综合利用高校的人、财、物、时间、空间、信息等资源，充分发挥管理的各项职能，使整个高校管理系统有效运转的过程。高校教育管理过程主要包括四个环节，即计划、执行、检查和总结。在整个管理过程中，沟通、协调与控制是其中非常重要的要素，关乎高校管理的高效率运转。本章则主要就新时期高校教育管理过程的相关内容进行一定的论述。

第一节　高校教育管理过程的特点与基本环节

在教育管理学中，学校管理过程一直是一个被关注的话题。关于管理过程的概念，自20世纪以来就已经有诸多国内外学者从不同的角度给出了不同的观点。例如，有的学者从管理职能出发研究管理过程；有的学者从管理者思维的角度研究管理过程；有的学者通过引入系统论、控制论来研究管理过程等。这些从不同维度对管理过程的研究拓宽了人们研究高校教育管理过程的视角。对高校教育管理过程做一个详细的定义，则如下所述：高校教育管理是指在高校管理者的协调管理下，综合利用高校的人、财、物、时间、空间、信息等资源，充分发挥管理的各项职能，使整个高校教育管理系统有效运转的过程。这一过程既有其独特的特点，也有基本的环节。

一、高校教育管理过程的特点

（一）以育人为中心

高校教育管理的根本任务就在于保证实现高等教育的目标，完成各项教育教学任务。因此，高校管理者必须在高校教育管理过程中贯彻育人的目的。也只有围绕育人来进行各项管理活动，才不会在大的方向上有所偏离，也才容易实现管理目标。高校教育管理过程以育人为中心的这一特点要求高校管理者必须科学地确定培育人才任务的管理目标，制订规划和计划；把全校教职工组织起来实施规划和计划；检查监督计划的实行；总结工作绩效，评价学生素质水平。

（二）具有较强的有序性

高校教育管理过程是按照一定的程序来进行的。至于具体是什么程序，不同的学者有不同的看法。按照学术界的一般认识来看，高校教育管理过程主要分为四个环节，即计划、执行、检查、总结。这四个环节的顺序不能颠倒，全部过程要按顺序完成，构成一个循环，形成一个高校教育管理周期。尽管在实际的管理工作中会受到多种因素的影响，操作起来会复杂很多，但是它们的前后次序是不能颠倒的。可见，高校教育管理过程具有较强的有序性。

（三）具有一定的控制性

高校教育管理过程的运转总是会受到一定条件的制约。这些条件主要包括国家的教育方针、政策、教育目的、管理目标以及管理体制等方面的要求。

（四）具有动态的整体性

高校教育管理过程的各个环节是相互联系、相互促进，有机结合在一起的，而非一个个孤立的部分。在管理过程中，计划统率着整个管理过程，执行是为了实现计划，检查是为了监督执行，是对计划的检验，总结则是对计划、执行、检查的总评价。每一个环节，都具有反馈回路，动态地推动工作前进，促进决策的不断完善。

（五）注重调动人的积极性

高校教育管理过程的正常运转并不是依靠一些管理者就可以实现的，需要每一个相关的人的配合与努力。因此，高校教育管理过程的每个环节都要调动高校相关人员的积极性，尤其是高校师生。具体来说，制订计划时，需要考虑如何从计划中体现激励的作用；执行时，需要考虑如何进行组织、协调，才能调动各部门、个人的积极性；检查和总结时，需要考虑到检查的结果对教职工积极性的影响。

调动人的积极性就必须做好人的工作，特别是思想工作。因此，在高校教育管理过程的每一个环节中，管理者都要做好人的教育工作。

二、高校教育管理过程的基本环节

要想深入、系统地了解高校教育管理过程，就必须充分把握高校教育管理过程的基本环节。学术界普遍认为，高校教育管理过程有四个基本环节，分别是计划、执行、检查和总结。这四个环节按照一定的顺序有机地结合在一起，构成一个动态的管理过程系统。

（一）计划

计划，是指高校管理者在高校教育管理工作中预先拟定的行动纲领。制订计划是高校教育管理过程的第一个环节。管理活动能否取得成功，计划起着非常重要的作用。

1. 计划的特征

在高校教育管理过程中，计划主要呈现出以下一些特征：

（1）目标性

高校管理者制订计划主要是为了实现既定的目标，包括达到目标的具体指标、方法、步骤、时间和具体措施，而不是为了计划而计划。所以，计划的目标性很强。

（2）普遍性

作为高校的任何一位管理者，都必须有所计划。只有在一定的计划之下，管理者才能有效地组织实施，达到特定的目标。所以，计划是具有普遍性的。

（3）可行性

计划的可行性主要表现为，计划中总是会包含有切实可行的方法和步骤，是能付诸实践的。

（4）效益性

高校教育管理中的任何计划都必须考虑高校教育管理的效益问题。科学的计划会给高校带来良好的社会效益和经济效益。

2. 计划的过程

（1）调查、掌握材料

计划的第一项工作就是调查、掌握材料。调查主要是为了全面摸清高校教育管理的实际情况，为制订计划奠定坚实的基础。为此，高校管理者应根据自身的实际情况以及工作岗位的特点，搜集数据和资料，全面积累数据，充分掌握资料，并以此为基础整理数据和资料，运用预测的方法，明确高校教育管理工作的方向。

（2）确定目标以及次序

高校管理者应该根据高校管理工作的方向，来分层次确定计划的目标，并将目标按一定的次序排列，然后切实按照计划来行事。那些对高校管理者来说最为重要的事情可以排在第一位，并用特殊的符号注明，如"X"；然后，按照重要性程度分别确定第二位和第三位等；在同等重要的计划中，可以分别按照重要性在符号上加上数字，如"X1""X2""X3"等。

（3）确定行动方案

高校管理活动在确定具体的行动方案之前，要召集相关人员进行民主讨论。根据决策的要求，对多种方案进行比较、研究，分析各种方案的利弊，吸收其中的精华，融为一体，从而制订切实可行的计划。最后拟订的计划方案必须经过合理的论证。论证的内容包括计划依据的可靠性、计划方法的科学性、计划实施的可行性、计划效益的显著性等内容。为了保证论证效果的合理，可以在论证过程中聘请有关专家进行指导。

（4）计划的执行与控制

行动方案确定后，执行计划，也就是按照计划要求的方式、方法和进度进行。在执行过程中，高校管理者应定期对目的、要求、质量、进度等进行检查监督，发现问题及时处理。若属于执行方面的问题，应及时纠正执行中的偏差；若是计划本身的问题应对计划进行相应的调整。

（二）执行

执行是高校教育管理过程中的中心环节。它是指高校管理者调动和运用各种资源把计划中规定的任务与目标贯彻落实到高校教育教学和管理活动的实际工作中，实现高校管理计划与任务的活动。没有执行环节，管理的一切要求和愿望都将无法实现。

1.执行的内容

执行环节的工作内容有很多。作为高校管理者，在这一阶段应重点做好组织、指导、协调和激励四项工作。

（1）组织

组织是指高校管理者安排各种办学资源，使之具有一定的系统性或整体性，以达到预定目标的活动。

①组织的地位和作用

第一，组织活动可以建立和协调各种关系，促进社会效益和经济效益的提高。

第二，组织活动可以使学校管理资源在计划执行过程中进行优化组合，随时解决其中出现的问题和矛盾，从而提高管理的效率。

第三，组织活动可以完善学校的组织机构，促进学校管理体制的改革。

②组织活动的内容

第一，任务的合理分配。这主要是指将高校计划的任务分别分配到各个职能部门，明确各自的职责和任务。

第二，高校管理资源的妥善安排。这主要是指将人、财、物、时间、空间和信息进行合理有效的配合，以综合发挥各种资源的效用。

（2）指导

高校管理者将任务以及资源安排妥当以后，应注意指导各部门和各人员按照任务和目标来行使自身的职责。作为高校领导者，要让下属明确去干什么，下属在执行过程中遇到困难、问题时，要对他们进行有效的指导。总的来说，高校管理者的指导主要针对工作方法和工作安排来进行。

高校管理者要使其指导发挥真实有效的作用，应注意以下几个方面的事项：

第一，深入第一线，全面及时地捕捉真实反馈信息，做到多谋善断。

第二，敢于指导、善于指导。要通过对点上工作的指导，带动面上工作的指导，以达到以点带面的目的。

第三，注意创设良好的人际关系和环境氛围，虚心听取学校师生的意见。高校管理者应当指点而不说教、帮助而不代替、引导而不强加、批评而不压制，不能强制命令，不能越级指挥。

（3）协调

在高校教育管理的执行过程中，由于学校的外在环境和内在因素都在不断发生着变化，各种关系也处于变化之中，因此特别需要协调工作。所谓协调，即高校管理者促使高校各方面的力量为实现统一目标而相互配合、步调一致、和谐发展的活动。

作为执行环节中的关键一环，协调能够使各种高校管理资源达到优化组合，保证各个方面、各个环节的均衡发展，使高校管理的任务有效实现。

协调工作主要有两个方面的内容：一是协调执行情况和原计划之间的矛盾；二是协调部门间和成员间的关系。对于高校教育管理来说，协调好教学管理与德育管理，协调好各个部门，使之形成合力，促进高校的良性发展，有着十分重要的实际意义。

（4）激励

激励，是指高校管理者运用一定的手段，激发教职员工的工作热情，调动教职员工的积极性和创造性。在高校教育管理的执行过程中，教职员工难免出现精神不振、工作疲惫的状况，这就非常有必要采取一些激励的手段。

合理的激励能够促使广大教职员工在执行计划过程中焕发出勃勃生机，促使他们积极为高校管理出谋划策，为实现计划而进行不懈的努力。一般而言，提高教职员工的积极性主要有物质激励和精神激励两种手段。在激励工作中，最好是充分结合两种激励手段来鼓舞教职员工的干劲，激发他们的士气。

2.执行的要求

（1）以身作则，优化配置各种资源

高校管理者在执行过程中，应该以身作则，身先士卒，起到表率作用，要求别人做到的，自己要先做到，并且要创设各种条件，为高校的教职工实现既定的计划提供可靠的资源保证。

（2）了解实情，并及时有效地化解各种矛盾

矛盾是事物发展的动力。高校的管理计划在执行的过程中，部门与部门之间、个人与个人之间不可避免地会出现一些或大或小、或多或少的摩擦。对此，高校管理者要做到心中有数，同时要善于利用自己的智慧，了解实情，根据高校管理的相关规定或基本原则，对出现的矛盾给予合情合理的处理，最终达到化解矛盾的目的。

（3）赏罚分明

高校管理者要根据各个职能部门的特点以及相关规章制度的规定，将高校制订的计划

分别分配到不同的部门和个人，并且按照章程来授权给不同的管理者，要求他们领导下属的员工来执行。在执行过程中，出现问题要做到赏罚分明。

（三）检查

检查，是指高校管理者对计划执行情况进行监督、考核，并发现问题，给出指导建议的活动。检查环节在高校教育管理过程中也是不能缺少的一个环节。它处于执行和总结之间，发挥着承上启下的作用。通过检查，能够对计划的科学性及计划的实施效果进行全面的评估和考查；能够对学校领导人员和管理人员自身的各项能力进行考核和评价；能够对教职员工进行相应的考核与监督。

1. 检查的内容

（1）监督

高校管理者要经常深入实际，查看各项工作情况，依据计划要求、规章制度的规定，督促下属部门和教职工完成既定的任务。通过考察进行的监督活动一般可分为定期考察、不定期考察、专题考察、全面考察、直接考察、间接考察等。

（2）考核

考核是高校管理者对高校管理工作进行的考察审核活动。它是检查活动中的一项重要内容，一般分为高校管理者在内的教职工考核和学生考核。考核的内容一般包括德、能、绩、勤等方面。

（3）指导

虽然检查是针对过去的工作情况进行的活动，但不是向后看，而是为了向前看。因此，通过检查不仅要发现问题，指出问题，而且还要提出可行的建议，指导员工更好地执行学校的各项计划。

2. 检查的要求

（1）根据计划内容确定检查对象、步骤与方法

开展检查活动时，管理者必须熟悉计划的内容，根据计划的内容，分别确定检查的对象，探讨对象的特点以及工作的性质，然后根据工作的性质，针对不同的部门和个人，来选择适宜的检查方法，确定检查的步骤。常见的检查方法有考评打分、巡视观察、个别交谈、随堂听课、翻阅教案等。

（2）以原计划为依据，公正客观地进行检查

检查必须尊重客观事实，以实事求是的态度，客观地、全面地、深入地进行检查。检查的客观性在于要以计划和收集的事实材料为依据，不能主观臆断。检查的全面性在于要对所有的计划内容进行检查，不能顾此失彼，厚此薄彼。检查的深入性在于要对情况进行深入了解，不能做"表面文章"。

（3）将检查与指导、调节结合起来，讲究实效

检查应注意对高校教育管理工作的指导以及对各部门、个人之间工作的协调，通过指导与协调，来提高高校管理的效率与效能。

（四）总结

所谓总结，是指对高校教育管理工作进行整体分析、全面评价的活动。它是高校教育管理过程的最后一个环节，标志着一个管理活动周期的结束，又预示着下一个管理周期的开始。总结对于高校教育管理工作有着非常重要的意义。其不仅有助于更好地判断高校教育管理工作，而且还有助于进一步提高高校教育管理工作质量和管理水平。

1. 总结的类型

高校教育管理过程中的总结有很多种，从不同的标准出发有不同的类型。

（1）按照时间，总结可分为一个管理周期的完整总结、领导班子任期总结、学年总结、学期总结等。

（2）按照承担主体，总结可分为全校总结、部门总结和个人总结。

（3）按照工作性质，总结可分为全面总结和专题总结。

全面总结和专题总结在高校教育管理过程中经常被提到。其中，全面总结属于常规性总结，是在一个管理周期结束或一个学期结束时，对学校方方面面的工作做出系统的总结和全面的评价；而专题总结主要是针对某一领域中的问题进行的总结，如高校针对教学质量问题，进行教学质量方面的专题总结。

2. 总结的基本要求

（1）树立正确的指导思想，具有鲜明的目的性

高校管理者在进行总结时应该树立正确的指导思想，突出鲜明的目的性。这就要求其必须做到：不单纯为了惩罚与奖励而总结；不流于形式；总结中注意发现问题，解决问题；为了更好地做好未来的工作而总结。

（2）要有全面、真实、有效的检查考核材料

高校教育管理过程中的总结要以事实为依据，必须有详细的总结材料，否则就不能起到应有的作用。这些材料应当通过平时的观察和记录来收集。

（3）要与计划要求相对应

总结是对计划执行情况进行评价的过程。如果总结脱离了计划，则不仅会使原有计划、目标失去意义，而且还会使总结缺乏客观依据和标准。因此，高校管理者在总结时必须以计划为依据，以计划中制定的目标作为评估的标准和依据。

（4）注重规律和经验的总结

从实质上而言，总结就是要把握高校管理工作的规律性，使经验上升为理性认识。因此，高校管理者做总结时，应当既分析成功的原因，又分析失败的教训，不只要找外在的原因，还要找内在的原因。

第二节　高校教育管理过程中的沟通、协调与控制

一、高校教育管理过程中的沟通与协调

（一）沟通与协调的概念

沟通，即个体与个体之间、个体与群体之间思想与感情的传递和反馈过程。协调，即对各项工作及各个人员的活动进行调节，使之和谐一致的过程。在高校教育管理过程中，沟通与协调往往会存在一些不同的解释。按照学者赵中建的观点来看，学校教育管理过程中的沟通是指学校管理者与学校成员之间的信息、思想和价值观等方面的相互传递、交流、反馈和共享。按照学者黄兆龙的观点解释，学校教育管理过程中的协调具有双重含义，一是指现代学校管理系统内部以及学校与公众之间的比较和谐一致的状态。二是指现代学校管理系统为促使系统内部及学校与社会公众的相互适应、相互合作做出的调整、平衡行为。

由于沟通与协调是两个联系非常紧密，有很多共同点的概念。因此，本章将沟通与协调放在一起，将其作为一个整体来探讨。据此，高校教育管理过程中的沟通与协调的界定可表述如下：为促进高校教育管理过程中可理解的信息在两人或两人以上的人群中进行传递、交换、反馈的措施和过程，用以促进沟通双方的理解，推动管理的顺利进行。

（二）沟通与协调在高校教育管理过程中的意义

沟通与协调是保障组织发展的生命线，联系着组织的各个部分，指引着组织发展的方向。因此，在高校教育管理过程中，沟通与协调有着相当重要的意义。这主要表现在以下几方面：

（1）沟通与协调是保障高校管理组织内的个体和各个要素凝聚于组织整体的重要手段。学校就是一个系统，学校中任何一个部分的变化都对整个系统产生影响。因此，沟通与协调可以说是联系高校各个组成部分的纽带。

（2）沟通与协调是推动高校管理组织与外部环境营造良好关系的主要手段。

（3）沟通与协调是高校领导人员激励下属的重要途径。

（4）高校教育管理中的计划、组织、指导、控制过程都离不开沟通与协调，其贯穿高校管理过程的始终。

（三）高校教育管理过程中沟通与协调的类型

1.内部沟通与协调和外部沟通与协调

这是根据沟通与协调对象的不同所划分的类型。

（1）内部沟通与协调

内部沟通与协调，是指发生在高校管理组织内部的，以维持组织正常运作为目的而进行的信息传递、加强理解的措施和过程。这种沟通与协调正是本书所重点阐述的，并且主要是从高校教育管理人员的角度出发来探讨。

（2）外部沟通与协调

外部沟通与协调，是指以宣传组织、保障组织的发展、提高组织服务为目的而进行的各类沟通与协调行为，面向的是高校管理组织所处环境内的公众。这种沟通与协调在近年来也呈现出一定的服务性特点。例如，高校在招生过程中会提供历年升入高一级学校的升学率的信息、报考指南以及新生生活指南等。

2. 上行、下行和平行沟通与协调

这是根据组织中信息的流向所划分的类型。

（1）上行沟通与协调

上行沟通与协调，是指高校管理组织中作为下属的人员向上级反映情况或反馈意见的沟通与协调过程，是自下而上的沟通，即信息流向从下属到上司的过程。

（2）下行沟通与协调

下行沟通与协调，是指在高校的教育管理过程中，信息由管理人员向下级流动的沟通与协调过程。例如，高校管理者传达信息和指令；提供有关学校的最新发展动向信息等。

（3）平行沟通与协调

平行沟通与协调，是指发生在平行的部门以及人员之间的沟通与协调，属于横向沟通与协调。值得注意的是，高校管理组织成员中的非正式沟通也属于平行沟通与协调。

3. 组织沟通与协调和人际沟通与协调

这是根据高校管理沟通与协调发生的范围和涉及的主体划分的类型。

（1）组织沟通与协调

组织沟通与协调，是指在教育组织内或组织之间，借由正规的组织机构和固定的传播渠道，根据组织的相关制度和规定而进行的沟通与协调。例如，高校内部相关制度制定过程中意见的征求、高校管理过程中各类通知的发布和传达、校内例会的召开等。这是一种正式的沟通与协调，是发挥管理职能、衔接管理过程的重要纽带。它具有指导性、规范性、权威性和程序性等特点，但是缺乏灵活性，机动性差，传播速度比较慢。

（2）人际沟通与协调

人际沟通与协调，是指通过正规沟通渠道以外的渠道进行的信息传递与交流。例如，高校内部师生员工之间的私下交流、校内师生员工参与的校友会或同乡会之类的非正式组织。这是一种非正式的沟通与协调。高校管理者在运用人际沟通与协调时，一定要进行相应的规范和引导，尽量避免其与组织理念不相符的思想产生，以保障组织的凝聚力和稳定性。

4.媒介式沟通与协调和情感式沟通与协调

这是根据沟通与协调的途径所划分的类型。

（1）媒介式沟通与协调

媒介式沟通与协调，是指借助一定的传播媒介，以口头、书面或者符号等形式，将信息、想法和要求等传达给接收者，进而影响信息接收者的行为，最终达到促进组织发展的目标。这种沟通与协调满足的是组织内信息交流和传递的需要。

（2）情感式沟通与协调

情感式沟通与协调，是指高校管理组织的成员通过沟通与协调联系双方的情感，获得精神上的交流、谅解或达成共识，最终达到改善彼此间关系的目的。这种沟通与协调满足的是组织内部人际交往的需要。

（四）高校教育管理过程中沟通与协调的模式

1.单向线形沟通与协调模式

（1）单向线形沟通与协调模式的概念

所谓单向线形沟通与协调模式，是指由信息发送者发起，终止于信息接收者的沟通模式。这一模式在高校教育管理过程中有较为广泛的应用。例如，高校管理者发布书面通知和文件、下属跟上级管理人员汇报情况、在教师组织的某个活动中有关某一个主题的演讲等，都是这一模式的具体表现。

在信息传播过程中，有编码和解码两个过程。编码是通过对发送信息的形式以及语言措辞等的选择，将信息变得更加容易理解的过程，解码是信息接收者通过理解分析等方式探求到信息本质的过程。

（2）高校教育管理过程中单向线形沟通与协调模式的优缺点

①单向线形沟通与协调的优点

第一，它要求信息发送者具有一定的技巧。高校管理者和教师需要经过缜密的思考，将自己的想法准确明晰地表述出来，并通过解释、说明和描述，保证信息的具体化。

第二，它暗示沟通行为与行动之间有强烈的联系，即"有令必行"，同时更加注重效率和总体目标的实现。当高校管理人员正式而直接地下发关于执行某项决策的通知时，某种程度上就表示无须再与沟通对象进行商议，而是直接要求得到关于这项决策的执行结果。

②单向线形沟通与协调的缺点

第一，高校管理人员在单向线形沟通与协调中明确表明了一个信息或理念，但是并不一定被信息接收者所理解。

第二，由于要求信息接收者必须执行，因而容易造成信息接收者的抵触和对立情绪。鉴于这种情况，高校管理中不能只采用这一种沟通与协调形式，否则有时很难达成高校内部各类人员的相互理解以及组织目标的实现。

（3）单向线形沟通与协调的原则

①客观原则

在高校教育管理过程中，采用单向线形沟通与协调模式进行沟通与协调，管理者要注意控制好信息传递和理解的各个阶段的人员情绪，要实事求是，摒弃偏见。

②强制原则

在单向线形沟通与协调中，信息的发送者并不要求得到信息是否传达到的反馈，而是要求直接看到所要求的结果。例如，高校管理部门下发的公文要求有令即行。

③技巧原则

这一原则要求信息发送者在编码过程中要掌握一定的技巧，特别是信息发送者的语言表达能力、沟通形式的选择能力等。

2. 双向环形沟通与协调模式

（1）双向环形沟通与协调模式的概念

所谓双向环形沟通与协调模式，是指信息的发送者和接收者之间进行的是双向的信息交流和传递。这种模式的形成需要信息接收者对信息发出者做出回应。在这种沟通与协调模式中，沟通者可以是两个，也可以是多个。

实际上，如果有多个沟通者参与时，沟通模式往往会出现相应的变化，信息流向会趋向于网络状，每个人都承担着信息的发送者和接收者的双重角色。二者的角色会不断转换，信息发送者同时需要听取信息接收者的反馈意见，必要时还需要不断地交流和协调以最终达到对信息的理解。

（2）双向环形沟通与协调模式的优缺点

双向环形沟通与协调是一个互相影响的过程，直接指向通过说与听而得到的新的发现和理解。在沟通与协调的过程中，参与者不断建构自己的理解，决定自己要采取的行为，并实现自己的目标。

①双向环形沟通与协调模式的优点

采用双向环形沟通与协调模式，信息接收者有反馈意见的机会，参与者的责任心容易提升，人际关系和管理双方的理解与合作更容易得到增强。

②双向环形沟通与协调模式的缺点

在双向环形沟通与协调模式下，信息的发送者承受的压力比较大。例如，在高校中，校长在举行座谈会、讨论会时，容易受到信息接收者的当面质疑，此时校长的压力就特别大。

虽然双向环形沟通与协调模式存在一定的缺点，但与单向线形沟通与协调相比，其更能促进高校管理对象参与管理。鉴于此，现代高校管理组织更愿意采取这种模式进行沟通与协调。

（3）双向环形沟通与协调的原则

①参与原则

这一原则要求高校管理人员在询问问题、传播新观念、听取不同观点或意见的过程中，要采取一定措施，让广大沟通对象自愿、积极、公开地参与到活动过程中来。

②交互原则

这一原则要求高校教育管理过程中信息发送者和接收者在双向交流时要相互尊重、关心，对特权或专家不能想当然地给予否定，对管理者也不应该妄加指责。

③持续原则

这一原则是指在沟通与协调过程中，发送者与接收者要对一系列共同关注的问题持续进行探讨，任何一方在听取意见后都不能置之不理。发送者与接收者正确的做法是积极回应对方的反馈，对于有可行性的意见要落实到行动上。

（五）高校教育管理过程中沟通与协调的方式

高校管理沟通与协调的方式有很多，通常可将其分为以下几种：口头方式、书面方式、非符号语言、电子媒体等。

①口头方式沟通包括谈话、电话、会议、记者招待会等方式。

②书面方式沟通包括留言条、备忘录、信件和传真等。

③非符号语言包括谈话过程中的体态、表情、语音语调等以及书面沟通与协调中隐含的"言外之意"等，这是一种不通过语言文字或图像来传递信息的沟通方式。

④电子媒体包括电子邮件和网页等。

每一种沟通与协调的方式都有自身的优势和不足。

（六）高校教育管理过程中沟通与协调的策略

在高校教育管理实践中，信息发送者到接收者的沟通并非都是畅通无阻的。沟通与协调往往会受到很多因素的消极影响，如信息量过大，导致管理人员无暇处理，造成信息被忽略；受到信息传递过程中其他相关信息的干扰，对信息内容产生曲解；信息接收者个人情绪化严重，影响思维和判断，对信息做出不合理的理解和应对等。为了获得更好地沟通与协调效果，高校管理者必须采取一定的策略，努力避免各种消极影响因素。

1. 明确沟通与协调的目的

在高校教育管理过程中，沟通与协调一般都是以一定的目的为前提进行的。因此，信息发出者在正式沟通活动开始之前，要事先计划好沟通的内容，并明确沟通的目的。如果缺乏共同目标，只是为沟通而沟通，那么沟通和协调也将失去其实际的意义。

具体来讲，沟通与协调的目的，可以是单纯地交流信息；也可以是推行政策和制度，安排下级工作，激发工作热情；还可以是发起新的活动等。不管是什么样的目的，一般都应根据学校不同部门的工作性质和特点、要传达的信息的具体内容以及要达到的效果来确定。

2. 充分把握沟通与协调的对象

高校中的任何一个人都是一个独立的个体，都具有自身独特的个性。不同的知识水平、社会经历、性别、年龄等，会导致信息接收者对信息产生不同的理解。因此，为了减少信息接收者对信息的曲解，信息发送者就必须充分把握沟通与协调的对象。一般而言，把握的具体内容包括以下几个方面：

（1）把握对象语义理解方面的问题，如教师、学生和家长的不同理解方式和能力会使他们在解码沟通内容时可能得出不同的结论。

（2）把握沟通对象的社会地位、成长背景、学校内职务等。

（3）把握沟通对象所处的情境。根据所要传递信息的内容以及想要达到的效果，高校管理者应该对沟通的时间、地点和形式都给予充分的考虑，以同情境相适应，这样才能实现有效沟通。

3. 把握信息的容量限度及时效性

在高校教育管理过程中进行协调与沟通工作时，很容易发生信息超载的问题。信息一旦超过信息接收者能够处理的范围，很多信息就会被忽略。例如，在会议过程中，信息的接收者会听到大量的言语信息，同时会收到相当多的文字形式的会议资料，这些资料由于容量过大，就容易使信息接收者忽略某些信息。因此，信息发送者应对信息进行筛选和综合，限制一定的容量。

此外，信息是具有时效性的，它需要一定的时间才能被传递、理解，然后信息中包含的任务要求才会得以执行。因此，在高校管理过程中，尤其是下达命令这样的单向沟通与协调，在下达关于完成某项任务的通知之前，管理人员应该预先估计该通知送达相关职能部门的时间，以保证任务的顺利开展和完成。

4. 选择适宜的沟通与协调方式

高校教育管理过程中的沟通与协调方式很多，如谈话、电话、会议、电子邮件、网页等。要想保持畅通的沟通渠道，沟通人员就必须选择最适宜的沟通与协调方式。通常情况下，应当根据沟通与协调的目标和沟通与协调的对象特点来选择沟通与协调的方式。

5. 构建有效的沟通与协调网络

高校管理组织要想形成有效的沟通与协调，还应当努力构建起各种有效的沟通与协调的网络。以下几种沟通与协调网络在高校教育管理过程中就非常流行。

（1）正式的沟通网络，如与政策、程序、规则的上传下达有关的管理网络，或者是与任务的指定和执行相关的网络。

（2）传播性网络，用以传播新闻和消息，如学校内正式出版物、布告栏以及小道消息等。

（3）反馈性网络，用以接收建议、获取反馈信息或者是解决已经出现的问题。

（4）与表扬、奖励和提升有关的人员激励和管理方面的网络。

6. 学会倾听

管理者的倾听行为是改善组织管理的重要方法之一。良好的倾听技术能够促进沟通与协调的有效性。因此，作为高校管理者，一定要学会倾听。

首先，在倾听过程中，高校管理者尤其要注意体会教师及员工的反应和情绪，注意其表情、手势、眼神等非言语沟通所暗含的态度。

其次，要表现出乐于倾听的态度，要有耐心，可以主动提问以了解对方的态度，同时核实自己所理解的是否是沟通对象的本意。

最后，要正确对待来自下属的批评，分析批评产生的原因，在面谈过程中不要产生争执。

7. 及时处理冲突

所谓冲突，就是指双方由于价值观念、评判标准等不同而产生的对事物的不同态度。冲突的范围很广泛，从观点的分歧到战争都是冲突的表现形式。菲利普斯基于对管理者的研究认为冲突的演变有以下五个阶段：差异—不一致—不和谐—争论—斗争—战争。冲突并不都是消极的，也有积极的因素。例如，差异会导致争论，但是同时也可以促进思考，许多问题都可以通过争论来进一步明确。

在高校教育管理过程中，冲突往往可以根据双方的关系分为三类：一是管理人员之间由于管理理念或者处事方法的不同而出现的冲突；二是管理人员与被管理人员由于身份角色、任务分配、学校决策、绩效奖惩以及个人利益不同而出现的冲突；三是组织内成员在非正式交往过程中出现的冲突。

为了促进沟通与协调，管理者必须学会及时处理冲突。处理冲突的关键则是认识冲突，明确冲突双方的意图，确定问题所在。

二、高校教育管理过程中的控制

控制是管理的一项重要职能。同时，它也是管理过程中不可缺少的一个重要部分。有时候，管理的成败主要在于能否实施有效的控制。因为有效的控制是完成计划的重要保证，是实现组织目标的根本措施，是改进工作的有效手段。由此可见，高校教育管理必须重视控制。

（一）高校教育管理过程中的控制类型

高校教育管理过程中的控制主要有行政控制、内部控制和社会控制三种。以下将专门对这三种类型进行相应的探讨。

1. 行政控制

行政控制主要通过行政工作检查、监察、审计、督导等方式来进行。对于高校来说，行政控制，一方面指教育行政部门对高校的监控，另一方面指高校内部的行政控制，如通过层级结构对学校各项事务进行行政管理。需注意的是，教育行政部门对高校的监控需要限定在法定的范围内，对高校的行政管理主要体现在依法监督、检查和指导等方面，而不应该也不能够干预高校正常的办学事务和具体的管理事务。行政控制主要包括以下几种控制：

（1）规划控制

规划控制是指根据教育规划来实施控制。教育规划，又称教育事业的发展规划，是国家教育行政机关为了贯彻党和政府的教育方针、政策和法规，实现教育目标而制定的发展教育事业的指导性文件。在高校管理活动中，规划控制处于控制中的核心地位。

（2）法规控制

法规控制是指根据教育法规来实施控制。教育法规，即有关教育方面的法令、条例、规则、规章等规范性文件的总称，也是对人们的教育行为具有法律约束力的行为规则的总称。运用法规进行控制是当代高校管理法制化的具体体现。高校的法规控制主要体现在依法行政和依法治校中。

依法行政，是指教育行政部门按照现有的法律法规管理高校教育并推动高校教育事业的发展，或是以教育法律法规为依据，结合本地区高校教育发展的实际需要，制定一些具体的教育规章制度，并要求高校执行这些规章制度。

依法治校，是指高校根据现有的教育法律法规办学，或是执行上级教育行政部门提出的政策或规定，或是根据法律法规和教育政策制定适合本校实际情况的规章制度，以保证学校的日常运行。

（3）财务控制

财务控制，是指通过对一个组织中资金运动状况的监督和分析，对组织中各个部门、人员的活动和工作实施控制。在高校教育管理过程中，最常见的财务控制有预算控制、会计稽核和财务报表分析等。

预算是一种以货币和数量表示的计划，是关于为完成组织目标和计划所需资金的来源和用途的一项书面说明。高校要实施好预算控制，首先就应搞好收支预算，通过收支预算可以有计划地分配和使用获得的经费；其次要对高校教育的规模、设备和服务进行预算。

会计稽核主要是对高校财务成本计划和财务收支计划的审查，以及对会计凭证和账表的复核。通过会计稽核，能够及时发现高校财务中存在的问题，进而采取相应的措施进行解决。

财务报表是用于反映高校计划期末财务状况和计划期内的经营成果的数字表。分析财务报表，能够判断组织的经营状况，以便从中发现问题，进而解决问题。

（4）审计控制

在高校教育管理过程中，审计主要指教育系统内部审计机构、审计人员对财务收支、经济活动的真实性、合法性和效益进行独立监督、评价的行为。这种行为实际上是一种控制，这种控制可归纳为"检查经济责任的控制系统"。

对高校来说，最基本的经济活动就是财政收支、财务收支及其他经济活动。这些活动贯穿于高校业务运作的全过程，内容错综复杂，牵涉方方面面，并直接影响高校自身的生存、竞争与发展前途。因此，通过审计对高校的经济活动进行监控是教育管理过程中不可缺少的一个内容。

（5）督导控制

督导，即由教育督导组织及其成员根据教育的科学理论和国家的教育法规政策，运用科学的方法和手段，对高校教育工作进行监督、检查、评估和指导，以期促进教育效率和教育质量提高的过程。一般来说，教育决策主要由国家权力部门、政府及其教育行政部门进行；教育的业务和行政控制主要由教育督导部门承担。通过有效督导能够促进教育决策执行效果的提高，可以及时发现问题和解决问题，同时还能够为决策者提供全面而及时的反馈信息，使新的决策更切合实际。

2. 内部控制

高校教育管理过程中的内部控制主要包括以下两个方面：

第一，检查计划的执行情况以发现偏离计划的行为。当高校的教学质量、管理绩效等与教学计划发生差异时，领导的责任就是立即组织检查，分析和查明产生差异的原因，确定责任归属。

第二，纠正偏离计划的行为，即针对产生差异的原因和责任归属，提出改进的办法，予以纠正，或进行适当调整，或追究行为人的责任，使学校各项教育活动纳入计划轨道，保证计划的正确执行和完成。

上述两个方面是相互关联、互为条件的。对计划执行情况的检查是纠正偏差的前提条件，而纠正偏差是计划执行情况检查的后续手段。只有将这两个方面充分结合起来，才能充分发挥内部控制的作用，达到内部控制的目的。

高校教育管理内部控制主要采用以下三种控制方式：

（1）制度控制

制度控制就是指通过高校的教育规章、准则等形式规范与限制高校内部成员的行为，以保证高校管理活动不违背或有利于自身战略目标的实现。通过制度进行控制能够使教育工作者明确哪些是自己职责范围内的事情，以及怎样做好职责范围内的事情。因此，在高校教育管理过程中，制度控制是应用最广泛的控制策略。

（2）激励控制

高校教育管理中的激励控制就是指高校管理组织通过激励的方式重点控制管理者及教师员工的行为，使其行为与高校目标相协调。管理者及教师个人的行为动机、行为目标和行为方式都受到激励控制的诱导和支配。

从层级角度看，激励控制包括高校领导者对中、高层管理者的激励机制，中高层管理者对下级管理者及教师的激励机制。激励控制主要以利益导向为基本特征，通过利益约束机制规范管理者及教师的行为。

（3）评价控制

评价控制，是指通过对高校管理者及教职员工的工作按照一定的标准进行评判而实施的控制。它主要包括战略计划、评价指标（指标选择、指标标准、指标计算）、评价程序与方法、评价报告、奖励与惩罚等环节。属于一种高层次的控制，要求学校要有良好的校园文化，要求管理者具有较高的管理素质。

评价控制有明确的控制目标，有利于高校管理者及教师据此指导和纠正自身行为，有利于激发其实现评价目标过程中的主观能动性。不过，评价控制也存在一定的缺点，主要是缺少程序或过程控制，不利于随时发现与纠正偏差。

值得注意的是，奖励与惩罚是评价控制中非常重要的环节，不可忽视。通过奖励等手段能够激发高校管理者采取正确行动的内在积极性，诱导期望行为的发生；通过处罚等手段则能够在一定程度上阻止不良行为的发生。总之，科学合理的奖励和惩罚，可以使评价控制形成良好的循环。

3. 社会控制

高校不仅仅受政府、教育行政部门等的控制，而且还受到市场、社会力量的控制。市场控制主要指教育市场中的竞争环境控制着教育组织的运行。这种控制主要表现为要求高校办学必须向优质发展，要求教育决策必须民主化、透明化和公开化。

按照控制主体的不同，社会控制又可分为以下几种：

（1）公民控制

这种控制主要是通过举报、申诉、控告、走访、行政诉讼和提出建议等具体手段对高校管理机构及工作人员以及教师进行控制。

（2）舆论控制

这种控制主要是通过电视、广播、报刊、网络等对教育组织的实际情况进行报道和分析，以推动教育组织的健康发展。显然，它是以大众传媒为载体来反映公众对教育的意见和呼声。

（3）社团控制

这种控制主要是以团体为单位对高校管理活动实施监控，与公民控制相比，更具组织性，控制力更大，影响力更强。

相对来说，社会控制具有广泛性、及时性、公开性、灵活性等特点，可以动员广大民众对高校教育活动进行监督和控制。因此，高校教育管理过程中社会控制也不可忽视。

（二）高校教育管理过程中控制的基本原则

无论在何种控制方式下，要想获得最佳的控制效果，控制工作都应当遵循一定的基本原则。高校教育管理过程中的控制应坚持以下几项基本原则：

1. 客观性原则

高校教育管理过程中的控制是通过纠偏来保证学校目标实现的，因此，控制信息要力求准确，控制标准要力求客观、准确。不准确、不客观不仅会影响工作进展，而且会挫伤教育工作者的积极性和工作热情。坚持客观性原则，需要注意以下两个方面：

（1）尽量建立客观的衡量方法，对绩效用定量的方法记录并评价，把定性的内容具体化、客观化。

（2）教育管理人员要从学校组织的角度来观察问题，尽量避免形而上学，避免个人的偏见和成见，特别是在绩效的衡量阶段，要以事实为依据。

2. 及时性原则

在高校教育管理过程中，实际情况往往是复杂多变的，因此，控制不仅要准确，而且要及时。如果错失良机，即使提供再准确、再客观的信息也无济于事。当然及时不等于快速，及时是指当决策者需要时，控制系统能适时地提供必要的信息。坚持及时性原则，需要注意以下几个方面：

（1）及时准确地提供控制所需的信息，避免时过境迁，使控制失去应有的效果。

（2）事先估计可能发生的变化，使采取的措施与已变化了的情况相适应，即纠偏措施的安排应有一定的预见性。

（3）尽可能地采用前馈控制方式或预防性控制措施，一旦发生偏差，可以对以后的情况进行预测，使控制措施能够针对未来，较好地避免时滞问题。前馈控制就是指根据对组织未来的运行预期情况，及时预告组织运行可能出现的问题，提醒组织的有关部门和个人准备好对策。

3. 灵活性原则

未来的不可预测性总是客观存在的。在高校教育管理过程中，如果控制不具有弹性，则在执行时难免被动。因此，为了提高控制系统的有效性，就要使控制行为具有一定的灵活性。贯彻控制的灵活性原则，以下几方面需要特别注意：

（1）高校管理者应制订多种有弹性的和能替代的方案，以保证控制在发生某些未能预测到的情况（如环境突变、计划疏忽、计划失败等）时仍然有效。

（2）高校管理者应采用多种灵活的控制方式和方法来达到控制的目的。需要特别注意的是，不能过分依赖正规的控制方式，如预算、监督、检查、报告等。过分依赖这些方式可能会导致指挥失误、控制失灵。

4. 控制关键点原则

客观来说，高校管理者不可能控制工作中所有的项目，而只能针对关键的项目且仅当这些项目的偏差超过了一定限度，足以影响教育目标的实现时才予以控制纠正。因此，控制工作还应遵循关键点原则，也就是抓住活动过程中的关键和重点进行局部的和重点的控制。

首先，在高校教育管理过程中，影响教育组织目标实现的主要因素就是需要控制的关键点。例如，学校是否依法办学、学生质量是否保证、教师工作积极性是否调动、学校的效率和效益是否提高等都是控制的关键点。

其次，特别容易出问题的薄弱环节，也是控制的关键点，需要管理者格外关注。

最后，控制过程中的例外情况，也是控制的关键点。例外情况的出现，往往由于缺乏事先准备而极易措手不及，从而对组织造成很大的影响。因此，管理者要集中精力迅速而专门地加以解决。

一般而言，为了使关键点明确和便于操作，管理者应对关键点标准做出具体的规定，可以定出实物标准、定量指标标准、定性无形标准和策略标准。无论何种标准都必须是相对客观的、可以衡量的、可以操作的，不然就无法发挥关键点的作用。

5. 经济性原则

高校教育管理过程中的控制是一项需要投入大量的人力、物力和财力的活动。这项活动涉及很多费用问题，因而必须把控制所需的费用与控制所产生的效果进行经济上的比较。这就是控制的经济性原则。坚持这一原则，管理者需要特别注意以下两个方面：

（1）实行有选择的控制，全面周详的控制不仅是不必要的也是不可能的，要正确而精心地选择控制点，太多会不经济，太少则会失去控制。

（2）努力降低控制的各种耗费，提高控制效果，形成有效的控制系统。

第三节　高校教育管理过程中的激励机制

一、激励的概念

激励，是指通过一定的手段激发人的动机，使人产生一种内在的动力，朝着所期望的目标努力的活动过程。从本质上来分析，激励就是探讨人的行为动力，即如何调动人的工作积极性，从而达到个人和组织的目标、提高工作绩效的问题。每个人的积极性都可以分为内在积极性和外在积极性，所以激励也就相应地有内在激励和外在激励。

内在激励涉及人的自我肯定和自我发展，是个人通过自身的信念和素养，为自己设立合理目标，给自己鼓舞士气，并持续投入热情和努力工作的心理过程。外在激励，则主要是通过组织和他人创设各种条件来激发内部成员工作积极性的过程。两者既对立又统一，因为从根本上来说，外在激励必须转化为内在动力才能真正有效地指导人的行为向预期目标发展。

激励对管理有着极为重要的意义。正如哈罗德·孔茨所说的，"领导者和主管人员（如果是有效的主管人员，几乎肯定是领导者）假如要设计一个人们乐意在其中工作的环境，就必须使这个环境体现出对个人的激励作用""一个主管人员如果不知道怎样激励人，便不能胜任这个工作"。

在高校教育管理过程中，激励行为往往包括多个层次，既包括高校管理者对教师的激励，也包括教师对学生的激励，还包括每个成员的自我激励；既包括对这些教育个体的激励，也包括对教育集体的激励。由于高校教师是高校教育管理的主体力量，因此，高校管理的激励工作重点就是对于高校教师的激励。

二、激励理论及其对高校教育管理的启发

激励理论是行为科学中用于处理需要、动机、目标和行为四者之间关系的核心理论。随着社会经济的发展，社会上出现了多种激励理论。以下就是几种主要的激励理论：

（一）需求理论

在需求理论学派的人看来，人的行为动机是由需求引起的，从人的需求出发去解释"行为"，可以理解为"追求需求的满足"。需求主要从两个方面来说明人的行为：一方面，需求是个人或个体行为的动力或源泉；另一方面，需求是人的行为个性或特性的依据。当代西方最被认同的需求理论就是马斯洛的需求层次论。

马斯洛是美国著名的心理学家。他于1943年出版的《人的动机理论》一书中提出了需求层次理论。他认为，人类价值体系中存在着两类不同的需求，一类是沿生物谱系上升方向逐渐变弱的本能或冲动，称为低级需求和生理需求；另一类是随生物进化而逐渐显现的潜能或需求，称为高级需求。马斯洛将人的基本需求归纳为以下五类：

（1）生理需求。这是人类最原始、最基本的需求，包括满足人的生存所必需的衣食住行等。

（2）安全需求。这是要求劳动安全、职业安全、生活稳定的需求，希望免于灾难，希望未来有保障，要求有劳动防护、社会保险、退休金等保障。

（3）社交需求。社交需求又称为归属与相爱的需求。当前两项需求基本满足之后，社交需求就成为强烈的动机。人们希望和周围的人保持友谊，希望得到信任和友爱，人们渴望有所归属，成为群体的一员。

（4）尊重的需求。社会中的人有自我尊重和被别人尊重的愿望和需求。

（5）自我实现的需求。这是指人们希望完成与自己的能力相称的工作，使自己的潜在能力得到充分发挥，成为所期望的人物。

马斯洛指出，这五种需求像阶梯一样从低到高，但这种次序不是完全固定的，是可以变化的，也有着例外情况。如果一个层次的需求相对地满足了，就会向高一层次的需求发展。当然，这五种需求不可能完全满足，越到上层，满足的百分比越低。

另外，同一时期内，可能同时存在几种需求，因为人的行为是受多种需求支配的，但是，每一时期内总有一种需求是占支配地位的。任何一种需求并不因为下一个高层次需求的发展而消失，各层次的需求相互依赖与重叠，高层次的需求发展后，低层次的需求仍然存在，只是对行为影响的比重降低而已。当需求满足了就不再是一股激励力量。

需求理论在一定程度上反映了人类行为和心理活动的共同规律，从人的需求出发研究人的行为，抓住了问题的关键。基于这一理论，要想调动高校教师的积极性，高校管理者既要注意到每个教师的不同需求，又要了解他们各自的需求层次，尽量提供条件满足他们的相应需求。

（二）期望理论

期望理论是由美国心理学家弗洛姆于1964年在《工作和激励》一书中提出的。所谓期望，就是指一个人根据以往的经验在一定时间里希望达到目标或满足需要的一种心理活动。期望理论具有一个固定的公式：

激励力量＝效价 × 期望值

在这一公式中，效价是指个人对他所从事的工作或所要达到的目标的估价。也可理解为，被激励对象对目标的价值看得有多大。在现实生活中，对同一个目标，由于各人的需要不同，所处的环境不同，他们对该目标的效价也往往不同。期望值是指个人对某种目标能够实现的概率的估计，也可理解为被激励对象对目标能够实现的可能性大小的估计。期望值也叫期望概率。在日常生活中，个人往往根据过去的经验来判断一定行为能够导致某种结果或满足某种需要的概率。

在期望理论中，期望值和效价的不同组合会出现以下四种情况：

（1）效价低，期望值也低，则激励力量最低。

（2）效价低，期望值高，则激励力量低。

（3）效价高，期望值低，则激励力量低。

（4）效价高，期望值也高，则激励力量高。

很显然，当效价值和期望值都高时，激励力量才会大，才能充分调动人的积极性。因此，根据期望理论的观点，某种方式行动的可能性的大小，取决于该行动达到某种结果的期望值的大小和这种结果的价值或吸引力的大小。

期望理论对高校管理者有以下两点启发：

第一，要采取大多数教职工认为效价最大的激励措施，而不是泛泛地使用一般激励手段。

第二，要将期望值控制在合理范围内，期望概率比实际概率高出太多可能会遭遇挫折，低出太多又减少了激发力量，而且这个期望值不能是空想出来的，而要建立在以往相关经验和被激励者能力的基础上进行估计。

（三）归因理论

归因理论是由美国心理学家海德进一步发展需要激励理论而提出的。所谓归因，就是指人们对他人或自己的行为进行分析，指出其性质或推论其原因的过程。事实上，人们对于自己和周围人的行为常常会不由自主地进行归因分析。

一般来说，如果把成功归结为内部原因，会使人感到满意和自豪；如果把成功归结于外部原因，则会使人感到惊奇和感激。如果把失败归结于内因，会使人产生内疚和无助感；如果把失败归结为外因，则会使人产生气愤和敌意。如果把成功归因于稳定性因素，会提高今后工作的积极性；若把成功归因于不稳定因素，则今后工作的积极性可能提高，也可能降低。

海德认为，有成就需要的人通常会把成就归因于自己的努力，把失败归因于努力不够。反之，成就需要不高的人的归因则相反。此外，他还认为，教育和培训将使人在成就方面发生机理变化并促进激励发展。

在归因理论的启发下，高校管理者要想激励教师，就应了解教师的归因倾向，帮助他们正确认识成功与挫折。当教师在工作中遇到失败时，应帮助他寻找原因，引导他继续保持努力行为，争取下次的成功；同时，更应尽量注意教师工作成功的归因，即将成功归之于自身的努力，从而增强积极性，取得更大成就。

（四）双因素理论

双因素理论是由美国心理学家弗雷德里克·赫茨伯格提出的。他在《工作的激励因素》《工作与人性》等著作中都阐述了双因素理论的基本观点。他认为，影响人的行为的因素可划分为保健因素和激励因素两类。这两类因素对人的行为发挥着不同的作用。

1. 保健因素

保健因素也叫维持因素，主要是指工作的环境因素，包括工作条件、工资水平、社会地位、同事关系、监督方式、组织的政策和管理等。这些条件必须维持在一个可以接受的水平上，否则，就会引起成员的不满。但是，这些因素不会对成员起激励作用，不会激起员工的工作主动性和创造性，而只能防止因员工不满而出现的怠工现象。

2. 激励因素

激励因素也叫满意因素，主要是指与工作本身性质有关的因素，包括使员工感到满意的工作成就感、得到认可的工作业绩、具有挑战的工作、工作中的机会和责任、权利等。这类因素若得到满足，将会对员工起到强烈的激励作用，从而促进生产率的提高。为此，赫茨伯格提出了"工作扩大化""工作丰富化"的设想，主张工作内容更加广阔、更加丰富多样、更富于挑战性，即加重工作的责任，提高其难度，以满足员工的成就感、荣誉感等高层次的需要，从而激励员工的积极性。

综合而言，保健因素是基础，激励因素是发展和提高。管理者只有把两类因素有机地结合起来，才能更好地激发员工的积极性、主动性和创造性，为此，高校管理者在高校教育管理过程中实施激励时，要重视保健因素和激励因素，尤其要关注激励因素。例如，要想激励教师，就不仅要改善教师的工作环境，更重要的是对教师多给予肯定和认可，多提供发展和提升的机会，多安排有挑战性、有意义的工作，从而起到真正的激励作用。

（五）目标理论

目标理论是由美国管理学兼心理学教授洛克于 20 世纪 70 年代提出的。他强调研究目标的重要性，并且围绕目标的激励作用做了深入探索。

所谓目标，就是指在一定的时间内所要达到的具有一定规模的期望标准。简单来说，它就是人所期望达到的成就和结果。目标是一种刺激，合适的目标能诱发人的动机，规定行为方向。管理心理学把目标称为诱因。由诱因引发动机，再由动机到达目标的过程就是激励过程，也就是调动人的积极性的过程。特别是那种组织所提供的"诱因"将带来"组织的平衡"。

洛克构建的目标激励模式指出目标的绩效是由目标的难度和目标的明确性组成的。其中，目标难度是说目标要具有挑战性，必须经过努力才能实现。目标的明确性是说目标导向必须是具体的，是可以测定的，如用数字来表明目标等。作为一种激励理论，目标理论主要强调通过目标的设置来激励人们的动机、指导人的行为，使个人的需要、期望与组织的目标挂钩，以此来充分调动人的积极性。

目标理论提醒高校管理者在实施激励时，要注意为激励对象制定合理的目标，并善于运用目标管理的方法，共同设计目标，逐层分解目标，及时评判结果并给予相应的激励措施。

（六）公平理论

公平理论是由美国心理学家亚当斯于《社会交换中的不公平》一文中提出的。该理论主要用来解决工资报酬分配的合理性、公平性及其对职工生产积极性的影响。亚当斯认为，人们总是要将自己所做的贡献和所得的报酬，与一个和自己条件相当的人的贡献与报酬进行比较，如果这两者之间的比值相等，双方就都有公平感。

归纳而言，公平理论主要包括以下几个观点：

（1）职工对报酬的满足程度是一个社会比较过程。

（2）一个人对自己的工作报酬是否满意，不仅受到报酬的绝对值的影响，而且也受到报酬的相对值的影响。

（3）人需要保持分配上的公平感，只有产生公平感时才会心情舒畅，努力工作；而在产生不公平感时，就会满腔怨气，大发牢骚，甚至放弃工作，干扰和破坏生产。

公平理论启发高校管理者在实施激励的过程中，不仅要注意到某个人，还要考虑与其基本情况大致相同的参考对象，也要求在高校教育管理过程中遵循平等公正的原则。在待人接物、工作任务分配、职位提升机会和工资待遇调整等方面都要公正合理，制度和程序上尽量公开公平。

（七）强化理论

美国新行为主义者斯金纳于 1938 年提出了操作性条件反射学说。这一学说是通过实验得出的。

斯金纳专门设计了斯金纳箱进行迷笼实验，用以研究操作性条件作用。此箱内设一杠杆，杠杆与食物仓相连，推开杠杆后即可打开食物仓，白鼠就可以吃到食物。斯金纳利用这一实验来研究白鼠的操作性行为，之后又在其他动物和人身上进行了类似的实验。

通过实验，斯金纳得出，如果一个操作发生后，接着给予一个强化刺激，那么其强度就增加，强化可以增加某一行为反应发生的概率。在斯金纳操作性条件作用中，强化具有重要作用，因此其行为原理也称为操作—强化学说。

将操作—强化学说应用于管理中，就产生了激励。管理者对被管理者的某种行为给予肯定和奖赏，并使这个行为得到巩固、保持、加强，这叫作正强化；对某种行为给予否定和惩罚，使之减弱、消退，就叫作负强化。正、负强化都是强化的方式和手段。因此，在科学管理过程中，把正强化和负强化结合起来应用得当，就可以对被管理者的行为进行定向控制和改造，最后引导到预期的最佳状态。

强化理论启发高校管理者要对被管理者的行为做出及时、适度的反应，尤其面对从事文化事业的教师，要尽量使用正强化，慎重运用负强化，使认可和奖励成为一种经常性和持续性的激励方式。

三、激励在高校教育管理过程中的意义

（一）促进高校人力资源的充分开发

激励程度或水平往往在很大程度上决定着人的行为表现，激励水平越高，人在行为上

表现得就越积极，行为效果也就越显著。美国哈佛大学的心理学家威廉·詹姆士在对职工的激励研究中发现，按时计酬的职工仅能发挥其能力的 20%~30%，而受到充分激励的职工其能力可发挥至 80%~90%。这就充分说明，在激励之下，一个人将发挥出更大的作用和潜能。

在高校教育管理过程中，管理者利用有效的方式多多激励教职员工，可以充分释放教职员工自身的智力和体力能量，使他们主动挖掘自身潜力投入教育工作中来。这无疑非常有助于充分开发高校的人力资源。

（二）增强高校内部凝聚力

凝聚力，即群体成员之间的相互吸引力，或使群体成员愿意留在群体内的力量。在高校教育管理过程中，有效的激励能够吸引和留住优秀的教育人才。

首先，激励是一个心灵沟通和双向反应的过程，这个过程能够增加人际信任和高校的组织承诺。

其次，激励有助于将个人目标引导到高校总体目标上来，增进高校教职员工的认同感和归属感，提高全体教职员工的士气。

从上述来看，激励确实有助于很好地增强高校内部的凝聚力。

（三）促进个人目标和组织目标的统一

在高校教育管理过程中，个人目标和组织目标占据着同样重要的地位。然而，这两个目标也常常容易处在对立的状态中。高校教职员工的个人目标如果与组织目标是相对立的，那么就很容易造成教职员工心理上的排斥和工作上的懈怠。这会严重影响到高校的教育与管理效果，进而影响学生的成长和发展。

实际上，个人目标和组织目标是可以统一的，也应当统一。激励能够促进个人目标与组织目标的统一。高校管理者要深入理解教育的本质，明确学校的最终目标是促进学生发展和推动教育事业的进步、是需要教职员工共同来完成和实现的。尤其对于高校教师来说，要使其意识到学校的最终目标与自己的职业理想是一致的，才会更认同自己的职业和工作，才会努力把工作当作实现个人目标的最有效途径。

（四）帮助管理者协调利益分配中的矛盾

由于利益主体存在着个体差异性和需要的多样性，因此，在高校教育管理过程中，有关利益分配的矛盾总是难免的。面对各种矛盾，如果管理者能针对不同的个体和需求，采取有针对性的激励，就能收到较好的效果。

具体而言，高校管理者要注意收集和分析各种信息，将不同性质的利益分配给具有不同需要的教职员工。例如，对经济条件差的教师应主要分配物质性利益；对家庭有人需要照顾的教师应提供一些时间上的便利；对注重成长的教师应多提供一些参加培训的机会。

（五）促进高校管理者管理水平的提高

对于高校管理者来说，要想更好地实施激励，就必须不断努力学习激励理论，不断积累丰富的激励经验。而这一过程其实能够提高管理者自身的素质和能力。

通过激励，高校管理者不仅可以掌握心理学知识、管理学理论，而且还可以锻炼沟通技巧和协调利益的本领等。显然，激励有助于提高高校管理者的管理水平。

四、高校教育管理过程中激励的模式

（一）目标激励模式

所谓目标激励模式，就是指通过设置合理目标，使被激励者产生一种内在动力，进而努力工作以实现目标的模式。这种激励模式一般包括三个步骤。

1. 设定目标

目标的设定千万不能盲目，要讲求科学性原则。这主要体现为以下两个方面：

（1）目标要明确具体，要尽量用量化的标准来说明目标，如不能量化，也要用准确规范的定性语言来表明，避免目标存在模糊性。

（2）目标既要有挑战性，又要能通过努力而达到，总之，设定目标要把握好一个度，目标定得过低会使人失去斗志，定得过高又可能造成挫败感和畏难情绪。

2. 实施目标

在目标的实施阶段，目标过程的反馈要特别注意。管理者要提醒和帮助教职员工保持清醒头脑，确保自己的行为在正常的轨道之内，要对好的结果给予肯定、鼓舞人心，对坏的结果客观分析、及时纠正。

除此之外，管理者还要注意将目标实施的总目标细分成许多子目标或阶段目标，因为每一个目标的实现都会对教职员工产生激励作用，是一个连续和累加的激励过程。

3. 实现目标

目标经过努力得以实现，是这一轮激励的终点，也是新一轮激励的起点。在不断实现目标的过程中，个体会不断获得激励和进步。

（二）参与激励模式

随着时代的进步、经济政治体制的改革、民主管理思想的发展，高度集中的行政管理体制已被打破，高校教职员工也越来越广泛和深入地参与到学校管理中。

高校教职员工参与学校管理能够使他们充分感受到领导者对自己的信任，感受到自己是学校"主人翁"的地位，体验到自己的利益同组织的利益和发展是密切相关的，从而产生强烈的责任感。这就能很好地发挥激励作用。参与激励模式就是基于这种情况而提出来的。

高校教育管理过程中的参与激励模式有以下三个基本要求：

1. 高校管理者与教职员工都要对学校的外部环境、内部情况和问题性质有较全面的了解。

2. 高校管理者要善于倾听和接受不同意见，宽容待人，客观对事。

3. 虽然参与本身是对教职员工的激励，但管理者在教职员工的参与过程中也要注意随时对他们进行激励。例如，当参与者提出建设性或创新性建议时及时给予表扬和肯定，这些会进一步激励教师踊跃参与管理、贡献心智。

（三）利益激励模式

利益是人们为了需要所得到的好处或者所拥有的资源，体现了主体对客体的一种价值判断。它有广义和狭义的含义之分。从广义上来说，利益包括物质、权力、名誉、精神等内容，是多面性的。从狭义上来说，利益主要是指物质、权力等能直接带来经济价值的东西。利益激励模式就是通过满足个体的利益需求来达到激励的目的。

这一激励模式启发高校管理者必须正视和肯定合理的利益要求，创造条件尽量满足教职员工的利益需要，并引导他们正确利用所得利益去更好地生活和发展。同时，由于利益涉及价值判断，每个人的价值观和选择标准不同，有的高尚一些，有的自私一些，所以高校管理者要引导教师正确地对待和追求利益。

此外，利用利益激励模式实施激励，高校管理者还要处理好组织利益与个人利益的关系。高校管理者应首先关注教职员工的个人利益，因为这是他们最关心和最渴望得到满足的，所以激励效果也最好。同时，个人利益与组织利益并不是水火不相容的，公共利益影响着个人利益，因此，管理者还应将个人利益与组织利益有机结合起来。

（四）情感激励模式

只有外部的诱因而没有内心情感的共鸣，是难以最大限度地激发人的积极性的。因此，高校管理者不应忽视那些涌动于内心的情感激励。情感激励模式强调通过尊重、理解、信任来激励个体。事实证明，这种心灵上的激励往往比物质激励更为有效。

1. 尊重激励

在高校中，任何一个教职员工的工作都是值得尊重的，同时他们自身也有强烈的自尊需要。因此，尊重是情感激励模式中最为重要的一个情感。采用尊重激励，高校管理者应注意以下几个方面：

（1）高校管理者要认识到自己与教职员工是平等的，自己的权力和地位只能代表在高校中分工和职能的差异，而不应有任何的优越感和特殊性。

（2）高校管理者要认识到尊重表现为自由沟通和善待差异，尊重别人就要给他人表达或表现自己的机会，学会倾听教职员工的意见。当出现差异甚至冲突时，高校管理者要分析教职员工意见的合理性，要虚心接受正确的建议，有技巧地引导偏离的观点，切不可使用命令性或过激的言语。

（3）当教职员工出现不能控制情绪的现象，应宽容以待，找一个情绪平复后的合适机会耐心交流，使其能深刻体会到高校管理者对他的尊重。

2. 理解激励

理解激励就是要使高校管理者能够设身处地地站在教职员工的角度想问题，而不仅仅只考虑自己或自己所在利益团体的立场。为此，高校管理者要尽量走入基层，走进教职员工的工作和生活，才会更了解他们的辛苦和困惑，更理解他们的意见和行为。教职员工感受到被理解，自然更愿意努力工作，创造更大的价值。

3. 信任激励

在管理中，管理者如果对管理对象给予期许肯定，一般都能获得积极向上的结果。这其实说的就是信任的作用。作为一种情感，信任可以很好地激励个体。在高校教育管理中，高校管理者可以通过委任教职员工重要的工作、肯定教职员工的能力、欣赏教职员工的人格、与教职员工建立友谊等来表达对教职员工的信任，这能够让教职员工感受到管理者对其工作的关注和认可，激发其责任感和积极性。

高校管理者采用信任激励需要注意以下几点：

（1）合理授权。当因工作需要而给下属授权时，管理者应注意认识到放权不是放任，也不是弃权，而是更高远意义上的指导和激励。

（2）一旦任务确定并宣布交给某人，除非特殊情况，一般不应再有变动，要表现出充分的信任和关心，否则会严重伤害教职员工的自尊心。

（3）善于发现教职员工的闪光点，用欣赏的眼光而不是苛求的态度对待教职员工。

五、高校教育管理过程中激励的方法

高校教育管理过程中激励机制的建立并不是一件简单的事情。高校管理者不仅要充分考虑到多方面的因素，还要根据实际情况，有针对性地采取恰当的激励方法，并注重各种方法的有机综合，力求实现全方位、全过程、全员的最佳激励。唯有这样，才能真正调动高校全体成员的工作积极性。激励的方法有很多，但高校中常用的激励方法主要有奖惩激励法、榜样激励法和工作激励法。

（一）奖惩激励法

奖惩激励法就是指通过奖励或惩罚来激励人。美国心理学家桑代克的效果律，就是最早关于外部奖赏或惩罚作用的研究。效果律包括奖赏和惩罚。桑代克曾经用小鸡进行心理学实验，他发现，奖赏和惩罚都会影响员工的工作动机，而且一般情况下奖赏的作用要大于惩罚。

1. 奖励方法

奖励一般都分为物质奖励和精神奖励，物质奖励主要是增加工资、津贴或奖金等；精神奖励主要是指各种形式的表扬和授予荣誉。表扬又有口头表扬和书面表扬两种主要形式，口头表扬即用语言直接表达出的肯定和赞赏，书面表扬则是用书面记录下来的认可，如先进工作者的荣誉证书，其中，物质奖励是激励教师的基础，精神奖励是更深层次的激励，二者应有机结合，共同使用。

使用奖励方法时，高校管理者要充分注意以下几个方面：

（1）奖励必须建立在对事实全面了解的基础上，被奖励人员确实是做出了值得奖励的事情。如果不全面了解，可能造成一些努力奉献的人由于不善表达或表现而被忽略，而受奖励的人并不是贡献最大的人。

（2）奖励必须是对被奖励者有较高价值的，即被奖励者认为这项奖励对自己有重要意义。如果该项奖励不是被奖励者所需要的，就达不到激励效果。

（3）奖励要做到物质奖励与精神奖励相结合，口头表扬与书面荣誉相结合，工作绩效与奖金分配和发展机会相结合。

2. 惩罚方法

在高校教育管理过程中，只奖不罚是不妥当的一种做法。激励有正激励和负激励，而适当的惩罚就是一种负激励。适当的惩罚能够从另一个角度告诉成员哪些行为是组织不认可、要避免的行为。当然，惩罚容易引起副作用，如产生不满、伤害自尊和关系紧张等，在高校中要慎重使用。

使用惩罚来进行激励时，高校管理者要注意以下三点：

（1）分析问题的性质，采取有针对性的惩罚方式。对教职员工的严重失范行为或违法行为，如故意泄露试题就要公开处理，严惩不贷；而对一般的过错，如迟到、早退就不应该严惩，进行罚款、批评教育等就可以。

（2）坚持"对事不对人"原则。惩罚的最终目的是终止不规范行为而转向组织期望的目标，一定要就事论事，客观公正，不能借机羞辱、报复。

（3）当被惩罚的人员做出改正时，应及时肯定和鼓励，并酌情减轻或撤销惩罚。

（二）榜样激励法

榜样激励法就是指通过满足人的模仿和学习的需要，引导他们的行为向组织目标所期望的方向发展。在高校教育管理过程中，通常利用某些典范人物高尚思想、模范行为和卓越成就来刺激高校教职员工的上进心和积极性。

运用榜样激励方法要注意以下方面：

（1）选对榜样。所选榜样不应该是遥不可及的，而应与高校教职员工的工作或情感是贴近的，有关联的，这样才能引起广泛的共鸣。

（2）高校管理者自身应争取做个榜样。具体来说，管理者自身要行为端正，不能恃权搞特殊，要更加严格地要求自己，爱岗敬业。

（3）引导高校教职员工善于发现身边的榜样，并参照榜样来激励自己。

（4）宣传榜样的事迹要力求真诚、平实，不要过分渲染甚至走向形式化，否则会适得其反。

（5）所选榜样要发挥作用，前提是能引起高校教职员工的反思，能激发其敬仰的感情并以此调节自身行为。

（三）工作激励法

工作激励法就是指通过改变分配工作任务和职责的方式来激励高校教职员工的工作动机，以增强其工作满意度和自我实现感。这种工作激励法的核心就是进行工作再设计。工作再设计往往能够使教师对工作本身感兴趣，从而增加责任感和成就感。以下是几种主要的工作激励法：

1. 工作扩大化

这是指通过横向扩大工作范围，增加同类工作的数量来减少高校教职员工对于工作的枯燥感。当然，运用这种方法要注意处理好教职员工疲惫的问题，否则，只会增加教师工作的负担而起不到任何的激励效果。

2. 工作丰富化

工作丰富化旨在向高校教职员工提供更具挑战性的工作。进一步讲，它是对工作责任的垂直深化，能够使高校教职员工在完成工作的过程中，有机会获得一种成就感、认同感、责任感和自身发展。

高校管理者在工作丰富化的过程中，要做到使教职员工工作的难度与其自身能力相匹配、工作的责任与授予教职员工的权力相结合，并要把有关的工作业绩及时反馈给教职员工。

3. 工作轮换

工作轮换是指让高校教职员工定期地从一种工作岗位轮换到同一水平、技术相近的另一个更具挑战性的岗位上去。

4. 实施弹性工作制

弹性工作制就是指高校对教职员工的工作时间不做统一规定，在保证完成一定的工作任务或固定工作时间长度的前提下，员工可灵活、自主地安排时间。对于高校教师而言，既要承担教学任务又要从事科学研究，而且很多教师对研究环境、最佳学习时间都有一定的要求，如果只拘泥于形式，严格要求坐班，可能导致研究的数量和质量的下降。因此，弹性工作制无疑比较符合高校教师工作的特点。

此外，弹性工作制还充满了人性化管理的关怀，能够使教职员工更好地平衡工作与生活，在工作时精力更充沛，情绪更饱满，工作效率更容易提高。可见，高校实施弹性工作制能够起到较好的激励作用。

第六章 我国高校教育教学管理体制改革探究

我国的高等教育作为世界高等教育系统中的重要组成部分，既有许多与国外高等教育相似的特点，又有自身的特殊矛盾。就学校管理而言，存在着一系列的矛盾，如高校经费严重不足与经费浪费的矛盾；学术管理的主体性与高校内部行政管理规范性的矛盾；传统的教育教学管理模式与知识经济社会要求培养创新人才的矛盾等。在教学管理中，也存在着一些亟须解决的问题，对于这些问题，有必要进行深入研究和探讨。

第一节 我国高校教学管理体制现状分析

教学管理是指学校领导和师生员工共同遵循教学规律，充分发挥管理职能，通过各种管理手段和方法，对教学系统的各个要素（学生、教师、教材、教学、设施等）进行合理组合，使教学管理的组织机构协调运转，教学活动有序、高效运行，完成国家颁布的课程计划、教学大纲和教科书规定的教学任务，实现教学目标的职能活动过程。教学管理的任务是根据确定的培养目标，按照一定的管理原则、程序和方法，组织和协调教学过程中的人力、物力、财力、时间和信息等，建立正常、相对稳定的教学秩序，以保证教学过程的畅通，使教学过程达到协调化、高效率与最优化，确保教学任务的完成，培养德智体全面发展的合格人才。

一、教学管理在高校的管理工作中居于重要的地位

教学管理在高校管理工作中主要有以下作用：

（一）学校的基本任务是培养人才

学校的各项工作都必须围绕培养人才这个中心展开，而人才培养在一定时期内仍将通过教学活动进行，学校的各个方面几乎都离不开教学这一教育形式。

（二）教学管理受教学过程客观规律的制约

教学过程是方向不确定的动态系统，因为教学过程的随机因素复杂，其效果的不确

定性非常显著，即教师教了以后，学生不一定就懂。要使教师教好，学生学会并且学好，就要有一定的措施加以保证，这就需要教学管理规范教学活动，形成教育合力，提高教育效果。

（三）教学管理担负着对学校全体教师和学生的管理

学校管理最重要的是人的管理，教师和学生都是活动中最重要的因素，也是学校的主体。教学质量的高低、学习效果的好坏取决于教师工作的主动性、积极性、学生学习的态度和方法，因此，对教师和学生的管理对于学校整个管理具有非常重要的意义。

二、高校教学管理的职能分析

在教学管理活动中，必须正确、恰如其分地发挥管理职能，才能形成有效、系统的管理过程。通过对教学管理活动的实践和理论研究，决策—计划—组织—实施—指挥—协调—监督—检查—总结，既是教学管理过程中相互联系的环节，也是其发挥的职能，大致可以做如下划分。

（一）决策与计划的职能

1. 决策与计划是教学管理的首要职能

决策就是人们对未来实践的方向、目标、原则、方法和手段所做出的选择和决定。计划是根据决策和目标的要求，进行统筹安排，拟订实施方法和程序，制定相应的策略、政策等。决策是计划的前提，计划使决策具体化，决策与计划是整个管理工作的基础。

2. 教学管理决策包括目标预测和目标决策

高等学校作为培养国家高级人才的基地，对人才培养的目标有明确的规定。教学系统自身发展的目标是指与教育目标相适应的办学规模、办学条件、师资队伍等。目标决策主要是对教学目标和教学管理目标的决策，教学目标包括教学总体目标和教学过程各个阶段的具体目标等，教学管理目标包括教学管理总目标和教学思想管理、课程管理、教学质量管理、教师管理、学生管理等子系统的具体目标。

3. 教学管理计划

教学管理计划包括教学规划、教学计划、教学政策法规和教学管理工作计划等。教学规划是学校教学工作整体的、较长远的发展设想和计划，包括规模、方式、方法等总体目标和总的方向。教学计划是学校组织实施教学的总体设计，包括培养目标、规格、课程设置和要求、学时和教学环节分配等方面。

教学政策法规包括国家依据教育目的而发布的规定、条例、规则和学校为了完成培养人才的任务而制定的规章制度等。教学管理工作计划包括组织和管理教学的各类工作计划，如招生工作计划、毕业工作计划、师资培训计划等。因此，教学管理计划是一个内容广泛的计划体系，计划功能对于教学管理系统具有特别重要的意义。

（二）组织与实施的职能

组织与实施是教学管理系统的一项重要职能，指按照决策目标要求，把系统中的各种要素组织起来，执行管理计划，使教学管理计划能够付诸实施。组织与实施功能具体包括两个方面：组织设计的功能和组织行为的功能。

1. 组织设计的功能

组织设计指按照目标要求，设计任务结构和权利关系，建立一个合理而有效的管理组织结构。

它的基本内容包括：为实现教育教学总目标把教学总任务分解成若干具体任务；把具体任务合并归类，划分部门，建立职权机构，如按年级设立年级组，按学科设立教研组等；选择和配备教师和管理人员，明确职责，并授予他们组织和管理教学的相应权力；为协调组织机构的职权关系和信息沟通关系而拟定各种规定，如教师工作职责、教学管理规章制度等。

当然，并非对每项任务的管理都要有建立组织机构的过程，经常性的组织工作是根据各个时期的任务所规定的目标组织力量、明确分工、授予权力和协调关系。

2. 组织行为的功能

组织行为的功能即组织实施，是组织力量执行计划的行为和过程，其目的是使管理计划能够付诸实施。

组织实施的基本内容包括：统一目标，使全体教职工目标一致；统一组织指挥，使系统内的一切工作都有人按时、按量、按质完成；人各有责，人尽其才，实行职、权、责相统一，使全体教师和管理人员明确自己的职责、工作范围、工作质量要求和协作关系；统一步骤，按计划步骤统一行动，保证计划的步步落实。

（三）指挥与协调的职能

指挥与协调也是教学管理系统的重要职能。指挥是指领导者依靠行政权威，指示下属从事某种活动，使系统按指令运行。协调是指消除管理过程中各环节、各要素之间的不和谐现象。因此，指挥与协调是从不同的侧面对管理过程的干预和控制，两者之间相互补充、相互完善。

1. 指挥功能

指挥功能是指通过下达命令、指标等形式，使系统内部个人服从于一个权威的统一意志，将计划和领导者的决心变成全体成员的统一行动，使全体成员履行自己的职责，全力以赴地完成所负担的任务。教学管理的指挥功能有以下几点：

（1）实行专家治校，保证领导权威，保证领导的督促、率领和引导作用有效发挥。

（2）运用各级教学管理组织权责和规章制度，规范全体人员的行动。

（3）严格按计划、大纲组织教学，统一标准，统一要求。

（4）建立教学指挥机构，一般由领导、职能部门工作人员，借助先进的设备手段，建立教学指挥中心等形式的教学指挥系统。

2. 协调功能

协调功能是指对系统运行过程中各环节、各要素之间的不和谐现象进行处理和调整，以消除和减少各种矛盾，保证目标的实现。协调功能带有综合性、整体性特征，它是管理本质的体现。从某种意义上说，管理就是协调。

教学管理协调的主要内容是通过计划、沟通、调整等方法，协调教学管理系统与外部环境，如学校教育与社会系统的关系；协调教学管理系统内部各类成员之间，各组织、各部门之间，管理过程各环节、各项工作之间的关系等；协调教学系统内部课内与课外之间，教、学、管诸要素之间，教学内容、方法、手段之间，各章节教学内容之间的关系等。

（四）监督与检查的职能

1. 监督就是察看并督促

监督与检查是实施教学管理过程的重要职能。检查是对预测的科学性、决策的正确性、目标的完整性、计划方案的可行性以及实施计划的有效性的全面考评。从本质上讲，检查就是一种监督和控制，是一种信息反馈活动。通过检查既可以发现管理过程中的缺点和问题，又可以发现优点和经验，进而克服缺点，推广经验，把工作推向前进。

2. 检查职能的类型

按检查时间划分有平时检查和阶段检查。平时检查及时不使问题成堆，阶段检查则是比较集中、全面的检查。两种检查互为补充，不可缺少。按范围划分有全面检查和专题检查。全面检查是德、智、体、行政、总务诸方面，目的在于了解和掌握工作的全面情况。专题检查是有针对性地发现问题和解决问题，专题检查的内容决定于检查的目的，教学管理要专题检查和全面检查交替进行。

按检查方式划分有自上而下的检查、互相检查和个人检查。自上而下的检查是学校领导者对下属的检查，这种检查有监督、考核的作用；互相检查是学校教职员工之间互相进行的一种方式，如教师之间的互相听课、互相检查教案和学生作业；个人检查是学校教职员工的自我检查。这种检查有两种，一是按学校布置的提纲进行；二是自觉进行自我回顾。个人自查是具有强烈责任感的表现。

3. 监督与检查具有双重功能

（1）监督与考核下属人员的工作，能及时对成绩突出者给予肯定，对工作平平甚至失职行为者给予纠正；

（2）检查和考核领导人员本身的管理水平，计划、措施、执行是否符合规范和要求，明确管理者的责任。

（五）评价与控制的职能

1. 评价与控制是教学管理系统最重要的功能之一

评价与控制是教学管理，特别是现代教学管理的重要职能。评价包括科学分析和价值判断，指通过教学评价和系统分析方法，判断教学效果与教学目标的差距，为决策和控制提供有用信息。控制即根据评价分析的结果，纠正计划执行中的偏差，保证教学目标的实现。

2. 教学评价和分析的主要内容

教学评价和分析的具体功能是根据教学目标和计划，运用各种科学手段，对教学过程和效果进行价值判断和系统分析，为教育教学决策和控制提供信息。教学评价和分析包括课程教学评价分析、课堂教学质量评价分析、教师评价分析、学生评价分析、课外活动评价分析等。

3. 教学管理的控制功能

教学管理的控制包括教学前馈控制、教学过程控制和教学事后控制三种类型。

（1）教学前馈控制是预防偏差的一种控制，即预先采取有效措施，使偏差得到预先控制，防患于未然。前馈控制对于教学管理是十分重要的，教学系统是以育人为目的的，教学过程的任何偏差所造成的后果都是十分严重的、不能允许的，前馈控制可以防止这种情况的发生。

（2）教学过程控制也称教学现场控制，是在教学计划执行过程中的控制行为。通过对教学计划执行过程的现场观察、监督和指导，对教学过程进行评价、分析和建议，及时纠正任何不符合教学计划要求的偏差，保证教学计划的实施。

（3）教学事后控制，又称教学成果控制，是建立在终结性评价分析基础上的控制行为，即在计划基本完成之后，把实际取得的工作成果与计划目标相比较，发现仍然存在的差距，作为将来工作的借鉴。

（六）总结的职能

总结是教学管理活动一个周期的终止，预示着下一个周期的开始，起着承前启后的作用。总结是教育管理活动不可忽视的一环，它要求用科学的方法，对工作进行全面系统的总结，肯定成绩，找出缺点，总结经验教训，探索管理规律，并指出未来的努力方向。总结对于积累管理经验，提高学校管理人员的管理水平，促使教学管理科学化，提高学校的工作效率和管理效能具有十分积极的意义。教学管理过程中的总结通常在一个学期或一个学年结束时进行，一般分为全面总结和专题总结两类。做好总结工作必须遵循以下基本要求：

1. 以计划目标作为评估绩效的标准

总结是对计划执行情况进行的综合分析和评估。原定的计划目标不仅是执行和检查计划的依据和中心，还是评估工作绩效的重要标准。

2. 以检查为基础

总结是检查的后继阶段，是在检查的基础上进行的。没有有效的检查，就不可能有真正符合客观实际的总结。检查可为总结提供各种可靠的信息，如典型的事例、人员的言行表现、科学的数据材料等，但检查并不等于总结，也不能代替总结。检查是感性的，而总结是理性的，是发现原则和规律的过程。

3. 要有激励作用

回顾过去是为了推动未来，总结使组织成员进一步增强前进的信心和决心，成为前进过程中的"加油站"。一份优秀的总结报告应具有强大的激励作用，肯定的成绩能增强人们的信心，指出的不足能增强人们的责任感，从而振奋人们精神，提高教学管理水平。特别是在行使教学管理的总结职能过程中，通常要建立奖优罚懒、赏罚分明的奖罚机制，以促进教学工作朝着积极、健康的方向发展。

三、高校教学管理制度的内涵与结构分析

（一）高校教学管理制度的内涵

根据《现代汉语词典》的解释，制度一词有这样两层意思：一是要求大家共同遵守的办事规程或行动准则；二是在一定历史条件下形成的政治、经济、文化等方面的体系。

1. 高校教学管理制度

这是一个多层次、多序列、多职能的完整体系，从不同的角度有不同的划分和理解。

从广义上讲，高校的教学管理制度就是在一定教育发展条件下形成的教学管理体系，是由诸多元素或部件构成的、完整的、具有特定目的和功能的整体，各个元素或部件在构成上的变化直接影响高校教育功能的发挥和高校教育目的的实现。这个整体或者系统总是随着时代和社会的变化而变化，变化可以是主动的也可以是被动的，可以是宏观方面的也可以是微观方面的。每当高校教育教学不适应时代和社会的变化时，高校教育就要通过制

度上的改革与发展适应变化。高校教学管理制度本身就是在不断适应社会的需要的过程中形成和发展起来的。

从狭义上讲，高校教学管理制度就是特指在高校学校的教学过程中，为了规范教学活动和实现学校的教学目标而制定的系统的教学管理方法。

2.学分制与学年制

为提高高校教育的教学质量，各国的实践探索无不加强教学管理，从制度上提供保障。从世界范围来看，学分制和学年制是高校教学管理中采用的最为广泛的两种制度。选择学分制还是学年制与国家的社会制度无关，而更多地与一个国家的社会文化和传统相联系。虽然美国、法国、英国、意大利、日本等国同属发达国家，实行市场经济，但它们所采取的教学管理并不一样，有的实行学年制，有的实行学分制。即使在同一个国家里，在不同时期，不同大学也会采用不同方式，甚至在同一时期，不同大学也采用不同方式。

由此可见，学分制与学年制只是两种不同的教学管理制度而已。它们的共性是学生必须修习一定数量的科目才能毕业，它们的差异则是学年制注重统一性，有显著的强制特点，学分制的自由度和选择范围则比较大，有显著的弹性特点。因此，两者并无绝对的优劣之分，大学的成功与高质量和采用哪种教学管理制度也无绝对的关系，关键是大学所采用的制度是否适应学校教学管理的需要。制度是一把双刃剑，只有通过不断地完善教学管理制度，才能促进学校的发展进步。

（二）高校教学管理系统的结构分析

结构是系统中要素相互联系、相互作用的方式，是要素在系统内的秩序。由于教学管理内部复杂的联系，根据不同的需要，从不同的角度研究就有不同的层次和形式的系统结构。

从组织结构分析，目前高校的教学管理可分为教与学两个系列，各为6个层次。在教的方面，由主管校长—教务处—学院—系（部）—教研室—教师，形成一个完整的教学工作系列；在学的方面，由主管校长—教务处—学院—系（部）—年级—每个学生，组成学习系列。这两个系列既相互交融、相互影响，又有其自身的独立性。教学管理系统六个结构层次的具体构成如下：

1.由学校主管教学工作的校长主持召开行政会议

这是学校教学管理的决策层。决策层的职责是通过调查研究，进行科学决策，实现宏观调控，校长要对整个学校的教学质量全面负责，从学校的定位、总任务、总目标出发，把提高教育教学质量、培养高级人才作为教学管理的中心任务。

2. 教务处

它是教学管理的职能部门，是在校长的领导下，对全校的教学工作进行具体计划、组织和调度的职能机构。教务处的工作主要是确定具体的学科、制定教学目标、编制教学计划、安排教学任务，对学校的教学工作进行检查和评估，对各专业的教学实行管理并对质量负责，负责全校的教务行政工作，是高等教育中十分重要的组织机构。

3. 学院

学院是近年来高校教育改革过程中产生的结构层。由相关学科、系、部组成的学院，更有利于学科交融、资源共享，同时，也便于学校教学工作的管理和开展。学院主要是根据教务处制订的宏观计划，结合本院的学科特点，组织教学工作的开展。对系、部的工作进行安排部署，对本学院的教学做具体、细致和全面的管理。

4. 系（部）

这一层次的主要任务是组织各专业教师进行教学工作的实施，经常性地组织教师进行教学研究工作，总结交流教学经验，提高教师的思想水平、业务水平和教学能力，对教师进行师德、教风和学风的建设，建立良好的教师集体，改进教学工作，提高教学质量。

5. 教研室和年级组

教研室是根据学科和专业特性组织起来的教学科研组织，它是教师的直接管理部门，对教师的教学、科研工作进行最直接的安排和管理。在高校，年级的主要工作是由辅导员进行管理的，年级的不同，教学安排、学生的思想状况以及课程的设置就不同。因此，教学要根据年级的特点和大学生的心理、思想来组织管理，实施阶段性的教学检测、年级学科竞赛、教师教学状况调查等。

6. 教师和学生个体

任课教师是教学工作的具体实施者，对本专业课程的教学质量负责，同时，还肩负着对本专业知识进行拓展和深入研究的责任，教师也要不断地研究和学习，努力提高自身素质和教学能力。

学生是接受教学的主体，每个学生都要对自己的学习实行自我管理，对自己的学习进行自觉、合理地安排，选择适合自己的学习方法，对教师的教学给予支持，向教师提出合理化的建议，并与其他同学进行学业上的交流和探讨。

在以上两个系列的 6 个层次中，还存在着反馈系统。反馈系统是教学管理中的必要元素，为保证教学工作在各个阶段的顺利实施，学校必须建立顺畅贯通的教学信息反馈系统，以便及时了解教学过程中的实际情况，并将反馈的意见进行总结归纳，决策层和实施层根据反馈的信息对教学工作进行调整，保证教学工作正常运转，形成反馈机制，提高教学质量。

四、高校教学管理制度与教育质量的关系研究

作为继承、传播和创造知识的高等教育，在知识经济时代从社会的边缘走向了社会的中心。提高国民素质、储备科技人才，已经成为世界各国关注的焦点，把发展高等教育作为提高综合国力、增强国际竞争力的重要措施。高校教学管理制度的优劣是教育质量高低的关键所在，一个好的管理制度对学校的发展、人才的培养具有十分重要的作用。

目前，高等教育进入大众化阶段的战略决策，并采取行政措施，连续多年扩大招生规模，以迎接知识经济的挑战，实现"科教兴国"战略，增强国家的综合国力和国际竞争力，满足民众日益增长的接受高等教育的需要。在今后若干年中，高等教育还要保持比较高的发展速度，才能实现大众化的发展目标。虽然缓解了高等教育供求的矛盾，但同时也给人们带来忧虑，担心因入学"门槛"降低和规模扩大过快而导致教育质量下降。因此，教育界最突出的问题是，用什么样的教学管理制度解决通向大众化教育阶段过程中或进入大众化教育阶段后的教育质量问题。

（一）完善制度建设、提高高等教育质量

高等教育大众化的重要标志是高等教育规模逐年扩大、适龄青年的入学率逐年上升。

1. 招生规模是人为设置的，虽然进入大学的"门槛"在逐年降低，但高等教育规模在逐年扩大，给更多的人提供了接受高等教育的机会，国民的综合素质提升了，整个中华民族的科学文化水平提高了，为社会主义现代化建设和发展知识经济培养了不同层次、不同类型、不同规格的各类人才。"门槛"高低受招生规模制约，是人为设置的，不是评价高等教育质量的决定因素。

2. 人是发展变化的，一次入学考试分数的高低，只能反映一次竞争的结果，不能代表人的素质优劣，更不能以此来推论或决定人的终身。

3. 大众化阶段的高等教育，其教育目标定位是提高整个中华民族的科学文化水平，而不是少数精英。因此，虽然"门槛"降低了，但并不能说明质量下降。大众化教育阶段过程中出现的某些质量问题，并非这一阶段所独有，而且是可以解决的。

（二）精英教育赋予高校教学管理制度新的内涵

我国的高等教育尚处在精英教育阶段，但严格讲，它主要体现在数量即适龄青年入学率上，在质量上未能反映面向"精英"的教育。高考虽然是全国统考，但由于地区差别和其他一些原因，未必能接受精英教育。进入大众化教育阶段后，精英教育不仅不会消失，还必须加强，但高校教学管理制度需进一步完善。通过高等教育的结构调整如双优高校的设立和强化竞争与激励机制，使真正的精英流向这类高校接受精英教育。

（三）高校教育质量标准从单一走向多元

长期以来，受计划经济体制的影响，人们是用一个尺度衡量高校教育质量的。这反映在教育目的和人才培养目标的统一规定方面，也反映在统一的教育质量评价体系及其课程体系、教学内容等方面。如果说这种现象同当时的计划经济体制相适应，那么现在显然已经不合时宜。

新时代的中国将更加开放，多元经济和多样化社会必然对高校教育提出多样化的需求，高校教育多样化是适应社会经济多元化、高校教育大众化、科技发展高速化、社会需求多样化、人的素质差异化的必然要求。高校教育只有为社会提供多层次、多类型、多形式的教育，才能满足社会对各类人才的需求和个性发展多样选择的要求。面对多样化需求的社会，高校教育必须走多样化之路，科学定位，主动寻找有利于生存和发展的空间，才能发展个性，办出特色，提高质量，经受住激烈竞争的人才市场的检验。

现在高校的教学管理制度引导高等教育适应社会，引导其追求理想学术型的办学模式和人才培养模式。多元教育质量观是有别于传统教育质量观的理念，它突破了计划经济的思维定式，有利于增强高校自主办学和自我调节的能力。它不仅对不同层次、不同类型的高校教育采用不同的质量评价标准，而且允许同一层次、同一类型甚至同一专业的人才培养目标也可以不同。多元教育质量观更能突出办学个性和特色，其运作更加客观贴近市场，因而有利于引导大众化阶段的各级各类高校教育在各自的层面办出特色，提高质量和水平。

（四）多样化的高等教育对素质教育有新的解释

中国是一个具有几千年封建历史的文明古国，传统教育的价值过分倾斜于政治功能，衡量教育质量的重要标准是能否为统治阶级培养所谓的"济世之才"，主张循规蹈矩，反对离经叛道。近代工业文明传入中国后，科学教育受到重视，以占有知识的多少和深浅为标准的知识质量观一度占据支配地位，强调培养学术型或学科型高级人才。

1. 全面素质质量观的历程

到了 20 世纪 80 年代中期，针对大学生动手能力不强的现象，强调能力培养，出现了知识质量观转变为能力质量观的趋势。到了 20 世纪 90 年代中期，素质教育在全国兴起，教育质量观得到广泛认同。从教育的知识质量观到能力质量观，再到包含知识、能力在内的全面素质质量观，反映了社会变革、转型时期人们对教育本质认识的深化，丰富了教育理论与教育实践知识，促进了教育质量和办学水平的提高。

但是，受传统思维定式的影响，其价值取向仍然偏向社会功能而忽视教育的个体功能，人才观仍然偏向理想模式下的"全才""完人"，而忽视多元经济和多样化社会对人才，尤其是对专门人才的多样化需求。

2. 素质教育的内涵

素质教育是针对中小学"应试教育"提出来的，高等教育中讲的素质教育，从文献看，主要是针对人文与思想政治教育环节薄弱提出来的。大体有两种倾向：要么把素质与知识、能力等并列或对立起来；要么在"全面"上做文章，对素质进行分解，试图把学生培养成"全人"或"完人"，两种倾向都有失偏颇，根源就在于对素质教育内涵的理解上。

素质教育是基于受教育者的基本素质，通过最佳途径，促进其主动在各层面全面发展的教育模式。这个概念的基本内涵如下：

（1）素质教育的基础是受教育者的基本素质；

（2）人的素质存在差异，素质教育只能因材施教，分类进行；

（3）它是一个过程，其效果取决于实施途径；

（4）是主动学习而不是相反；

（5）目标是适应社会，全面发展；

（6）具有理论与实践意义和可操作性。

3. 对传统培养模式进行制度创新

大众化教育阶段的高等教育资源通过优化与重组，不同层次类型的学校将进一步分化。多样化的高等教育实际要求人们必须走出传统的培养模式，进行制度创新，将传统理想模式塑造人改变为受教育者根据自身的实际情况与现实可能，选择有利于社会价值与个体价值统一的成才模式。即使对所谓"片面"发展的"怪才""偏科生"，也不能用现在的质量标准将其拒之门外，而应采取特殊的培养模式，促进其在"片面"方向"全面发展"。这类人才的特殊性在"片面"，决不能用理想模式迫使其舍长就短成为平庸之才，更不能将其扼杀。

因此，传统意义上的因材施教将在分类培养的基础上，在更高层次上回归。教与学的角色将实现历史性的转变，教育不再是单向传授，而是导致学习的、有组织的和持续的交流。受教育者将能动地根据专长、志向和兴趣，按能级归位，选择有利于自身发展的教育形式。新的素质教育必须克服上述两种倾向，不再追求标准化的单一理想模式及其质量标准，而应建立有利于不同层次、类型的人才发展的多样化的因材施教、分类培养、教学互动的弹性模式及其教育质量标准。

4. 建立正确的教育质量观

教育质量观属于教育哲学范畴，它是一个发展的概念，准确把握其内涵和外延，需要在教育实践中不断进行理论探索和实践总结。高等教育大众化必须是数量与质量的统一，关键是要建立正确的教育质量观。在社会转型和高等教育向大众化跨越的历史时期，教育质量观起着重要导向作用。怎样发挥其正面导向作用，克服其负面导向作用，促进高等教育的规模、结构、质量、效益的协调发展，是我们必须解决的重大课题。

第二节　我国高校教学管理体制问题所在

一、教学管理组织的权力性倾向严重

教学管理组织本身是为实现学校的教育、教学目标而形成的结构优化、精干高效的管理系统，这个系统将学校中众多的教学要素进行有机地组合和动态的管理。但是，在我国的高校教学管理中，常表现出教学管理组织的权力性倾向严重的问题。"权力—强制"策略虽然是教学管理中的一种手段，但不是唯一的手段。在教学管理中，如果过分地强调组织的权力，使用强制的手段进行管理，往往容易触及学校的敏感神经，教师会有消极的情绪，学生会产生逆反心理，教学的质量不但不会提高，在管理中还会出现被动的局面。

高校进行教学管理的目的是为了提高教学水平，培养优秀人才，要达到这个目的，拥有合格的、积极主动工作的教师和自觉学习的学生才是关键。教学管理组织应合理地运用手中的权力，充分发扬民主，采用合作化的管理手段，充分调动行政人员、专业人员、教师、学生以及校外人士的积极性和参与性，才能有利于教学工作的开展。

二、教学管理组织的运作模式相对单一

模式是再现现实的理论性的简化形式。目前，在我国高校教学管理中，一般都采用的是等级制的管理模式，即从校长到学生，一级抓一级的方式。至于学生的表现如何，校长的管理能力怎样，这中间受到太多因素的干扰。教学管理中，应该采用适合本校发展的模式为主、其他管理模式为辅的共同管理模式。

（一）问题解决模式

该模式是由第一线的教师为解决教育实际问题而创设和实施的。其理论基础是实用主义哲学和自由市场理论。这种模式的主要特征就是根据教学管理过程中出现的实际问题，进行诊断和鉴别，认真剖析内、外因素，自觉、自主地解决新问题，遵循问题—解决—新问题—再解决的程式向前发展。

（二）研究—发展—推广模式

该模式的理论基础是理性主义和权威主义，它主张，任何管理都是一个研究、发展、

推广的过程。教学管理者要根据实际进行研究，将成果以适当的形式、在适当的阶段推行，即使某些管理的变革会遭到排斥，但是最终会得到推广，并在推广中受益。

（三）管理互动模式

该模式的理论基础是社会合作主义和人际关系理论，其精神实质是合作与沟通。在教学管理中，人与人之间相互影响，个人的行为受到制约，但通过宣传、交流和互换角色的方式，可以解决一些难以解决的问题。例如，学生代表与校长面对面交流，行政人员与教师进行交流，教师与学生进行合作管理等。

教学管理的模式多种多样，各校应在多年的管理实践中选择适合本校校情的模式，更应该不断地研究探讨新的模式，适应高校的发展和社会的需要。

三、教学管理方法陈旧

高校教学管理的方法就是实现教学目标、完成教学任务的基本手段。掌握并运用有效的基本方法，对于提高管理绩效具有十分重要的意义。教育要创新、科技要创新、人才培养要创新，教学管理的方法也同样要创新，不能总是采用一种陈年旧法。学校的教学管理本身具有权威性、强制性和垂直性等特点，如果在管理方法上不注意，难免会造成主观主义和命令主义的错误倾向，就会伤害教师和学生的感情。在科学教育飞速发展的今天，要想在管理上出成绩、出效益，就得选择适当的方法，有效地组合方法，从而达到事半功倍的效果。

（一）要在适当的范围选择适当的方法

任何方法都不是万能的，都有一定的适用范围。如果教学管理的方法运用不当，就会产生明显的局限性。比如，在对教师的管理中，如果过于强调上级的权威和集中统一，容易导致长官意识和官僚主义，不利于下级和群众主观能动性和创造性的发挥，管理的适应性和灵活性受到限制，横向联系容易被忽视，影响各部门间的沟通与协调等。因此，教学管理的方法不能单一，要在适当的范围选择适当的方法。

（二）要在正确态度的指导下运用方法

作为高校的教学管理者，首先，要正确认识和对待管理权力，注意提高自身的素质水平保证管理要求的合理性和正确性。其次，要分析管理方法的可行性，保证实施的效果节制有度，既能令行禁止，又能调动下属的工作积极性。最后，教学管理者要根据不同时期、不同条件、不同环境和教学工作的特点，把行政方法界定在必要和可行之内，使其更加符合教学管理工作的需要。

（三）教学管理方法在学校管理工作中发挥着十分重要的作用

正确的方法可以解决教学中产生的问题，提高学校的教学质量和办学效益，错误的方法则会导致问题的产生，给学校的工作造成负面影响。在教学管理工作中，一方面，管理者应不断提高自身的科学化程度，根据具体情况有针对性地灵活选择各种管理方法；另一方面，要注意与其他管理方法的配合，使教学管理方法发挥出更大的实际效果。

四、教学管理的目标具有局限性

教学管理的目标是由教育的功能决定的。我国目前高校教学管理的目标偏重于层次的划一与外显的局限。这样的目标会低估教学过程中出现的各种复杂现象，凭借外显的行为特征而掩盖了教学管理的深刻性。具体表现在三个方面。

第一，教学管理的对象是发展中的人，学生获取知识、技能与能力的程度不是统一确定的，他们在生理、心理以及社会化等诸多方面的成长速度不尽相同。因此，如果将教学管理的目标整齐划一，就容易忽视学生个性特长的发展。

第二，外显的行为目标一般不能准确揭示出全部活动的内隐因素。如果制定教学目标仅从知识内容出发，离开了教与学的具体行为，离开了教师和学生的基础水平，那么，必将产生各种各样的问题。因此，教学管理目标应全面、合理并且具有个性化的导向功能。

第三，目前，我国的高等教育正面临着前所未有的巨大变革，影响学校教学管理的因素呈现出越来越大的随机性。这就要求学校能随时随地根据实际形式的变化，迅速调整相关的管理对策，如果教学管理的目标局限于某一方面，在适应环境变化方面就表现为僵化有余、弹性不足，不能很好地适应形势的发展。

鉴于上述分析，不难看出在制定教学管理目标时，应强化其正面效益，减少负面影响，发挥目标管理的效应，促进教学管理工作的开展。

（一）科学分析，准确定位

教学管理要做到激励性与可行性的统一，这就要求管理者在科学分析校情的基础上，抓住学校急需解决的问题，形成既体现本校教学工作自身特点，又符合实际的管理目标。

（二）近期目标需要与长远利益相结合

针对教学管理目标中容易出现"短期化"的倾向，在制定目标时，必须将学校教学发展的蓝图与中、短期目标统一协调起来。要确定哪些是近期努力可以达到的目标，哪些是经过不间断的努力可以实现的目标。当近期发展目标与长期发展目标相冲突时，一定要协调好两者的关系，不能因一时得失而毁掉长远发展前程。

（三）畅通信息渠道，加强监督反馈

教学管理目标是学校教学工作的行为导向，管理者必须建立立体、交叉、多维的信息网络，密切关注学校教学活动的运行状态是否与确立的目标体系相符合。一旦出现问题，管理者应迅速了解情况，并组织相关部门"会诊"，找对问题症结，形成有效对策，并通过信息反馈渠道对不恰当的管理行为做出修正，确保教学管理工作与目标不出现偏差。

五、教学管理的评估体系不健全

教学质量评估是教学管理中的一项重要改革，它不仅使教学管理部门对课堂教学起到监控作用，而且能够最大限度地调动教师的教学积极性，从而达到提高教学质量的目的。随着高校管理体制改革的不断深化，教学质量评估体系还有待进一步健全和完善。在当前教学质量评估中主要存在以下问题：

（一）评估的认识存在偏差

当前，教育评估主要是由上级教育行政部门组织，采取他人评估、行政评估等方式进行，评估的目的表现为分等评优，从而起到选拔、鉴定、评比的作用，充分体现了教育评估的总结性功能。然而，改进工作和决策服务的形成性功能发挥得不够充分，这种评估与过去上级对下级的工作检查并无本质的区别。被评估者对评估活动没有积极的参与意识，甚至对评估有抵制和厌倦情绪。

有人认为，评估只是摆形式，走过场，对学校的具体工作开展并无实质性的促进作用。还有人认为，评估是一种"扰民"行为，干扰了学校正常的工作秩序，不仅无益，反而有害。这些看法固然有偏颇之处，但究其原因与开展的评估方式、方法不当有关。评估的目的不只是在于分出等级，更在于改进工作。如果评估者对此没有深刻的认识，简单地把评估作为分出优劣高下的工具，必然会造成误导和误解。

（二）评估功能和模式单一

评估具有导向、改进、鉴定、激励、管理、研究等多种功能，但目前的评估尚不能充分发挥这些功能，只有鉴定功能、管理功能在评估中表现得较为明显。评估模式基本采用泰勒的"目标行为模式"，或者说"目标到达度"模式，这种模式在我国是伴随着加强教育行政管理和督导工作发展起来的，是由领导部门组织的行政评估和他人评估。而专家评估、社会评估、自我评估的成分很少，势必影响教育评估的全面性和被评估对象的积极性。

（三）评估的技术水平不高

评估的可信度和效率在很大程度上依赖于对评估手段技术的准确把握和恰当运用。教

育评估涉及多种评估技术和评估工具的运用，不同的技术和工具有不同的作用。目前，在高校教学评估中使用的最为广泛的是量化的技术，但一部分评估人员对如何编制量化表、如何保证可信度和效率等缺乏应有的知识和能力，致使量化方法这一重要的教育评估技术出现偏差，导致出现"盲目量化"的现象，似乎教育的一切方面都可量化，而一切量化又都是有价值的。

（四）对教育评估缺乏再评估

评估标准是否合理、评估方案是否科学、信息搜集是否全面、信息处理是否得当、评估结果是否客观、评估结论是否公正，这些问题都有待于对教学评估进行再评估以后的回答。没有再评估，对教育评估就失去了检查和监督的意义，就很难保证各个环节的合理无误，很难使教学评估活动具有自我认识、自我批评、自我提高的能力。当前，教学评估中出现的许多问题都与缺乏再评估紧密相关。

第三节　我国高校教学管理体制改革策略

面对创新人才培养对教学管理体制的要求，本节将对高校教学管理体制创新的研究展开论述。笔者认为，针对高校的具体情况，教学管理体制创新可采取的对策是：更新教学管理观念，突出"以人为本、以生为先"的管理思想；建立以学院制为主体的教学管理体制；健全学分制管理制度；构建高校教师培训体系；协调教学与科研的关系。总结高校建立的教学改革实验班教学管理体制的创新之处，并鉴于其具有实验性而不具备普遍性的特殊情况。在教学改革实验班成功的基础上，高校教学管理体制将继续从学分制教学管理制度和"以学生为中心"的教学管理模式两方面进行改革。

一、高校教学管理体制创新的对策探讨

（一）突出"以人为本，以生为先"的教学管理思想

人类社会的每一次重大变革，总是以思想的进步和观念的更新为先导。观念是外部世界的主观反映，外部世界是不断变化的，观念也随之不断地发生变革。教学改革的进程同样离不开思想的不断解放和观念的不断更新。在高校培养专门人才、发展科学、直接为社会服务的三项基本职能中，人才培养始终是最基本、最重要的职能。教学管理的主体应是学生，教学管理工作应本着"一切为了学生，为了一切学生，为了学生的一切"的原则进行，突出"以人为本、以生为先"的教学管理思想。

1.确立尊重学生自主权的教学管理思想

尊重学生知情权、选择权、参与权等自主权，目的是为学生自主学习、自我管理、自由发展提供必备条件，从而培养学生具备自我构建智能结构的能力，使其成为具有创新精神和创新能力的人才。

（1）赋予学生知情权。学生有权了解学校的教学计划、培养方案、各项规章制度、开设课程、课程安排、教师资历、教育培养经费的使用情况及其他与学习、生活有关的情况。学校赋予学生知情权，可从学校、院（系）和学生三方面进行。

第一，借助网络公开校务。学校将与学生利益相关的内容挂在校园网上，使每个学生都能了解学校的政策与具体规章制度。

第二，教学秘书、班主任或学生干部及时、准确地通知院（系）事务。院（系）通知的事情一般与学生的利益有较直接的关系，如申请奖学金、评选优秀学生、参与学术活动等。

第三，学生主动向老师了解自己关心的事情。学生对于自己想了解的事情应积极主动地询问教师或院（系）教学秘书，自己采取主动。

（2）交还学生选择权。学生自主选择的权限包括选择专业、选修课程、选择授课教师、学习模式以及学习年限等。为保证学生选择权顺利实施，可以从学校、教师、学生三个角度进行。

第一，从学校角度讲，要进一步完善选课制和导师制，从制度上保障学生在选择专业、课程、教师及学习年限上的自主性。

第二，从教师角度讲，要不断提高教师的业务水平，开设数量多、质量高的选修课，让学生有等多的选择。

第三，从学生角度讲，选修课程要根据自己的特长、兴趣做出合理的选择，不要盲目地选择容易获取学分的课程。另外，课程选择权还应赋予学生在规定时间内改选课程的自由。

（3）给予学生参与权。学生参与学校的教育教学活动使他们有机会学习民主和运用民主管理，对培养他们形成主人翁意识、自主自立能力有很大益处。参与权可以分为教学管理参与和教学过程参与。教学管理参与可派学生代表参与校级或院（系）级的教学事务管理，参与教学计划的制订，参与教师的教学评价，参与信息收集与反馈等。学生参与管理，增强了学习知识和运用知识的主动性和自觉性，培养了学生的实践能力和动手能力。

教学过程参与，一方面指学生应在课堂上主动参与教师教学，与教师进行互动，而不是把自己作为装盛知识的"容器"；另一方面指学生有权参与教师的选择，参与自己的专业课程设置，实行个性化培养。教学过程参与将以往在教学过程中对学生进行的统一管理转变为个体参与，以培养学生的主体意识和激发其主观能动性。

"以人为本、以生为先"的教学管理思想要求充分调动学生的主动性与积极性，但并不意味着毫无规范与限制。因此，学校在建立完善的制度体系以保障学生知情权、选择权、参与权的同时，还应考虑给予这些权力一定的权限，确保学生正确使用知情权、选择权和参与权。

2. 树立个性教育的观念

据一项有关大学生创造性人才观的调查结果表明，影响创新人才的十项因素中，"独立性"被大学生认为是最重要的。独立性又由"有个性、有创新意识、敢于怀疑权威、有主见不盲从、有预见性和超前意识"几项因素构成。可见，一个创造者的成功与否，往往与他的个性有内在联系。终身教育理论的创始人，法国著名教育家保尔·朗格朗指出，"教育工作者再也不应该是多少有些天才的知识传授者，而是培养个性的专家。"为了充分发展学生的个性，挖掘其创造潜力，高校应转变教育思想，树立个性教育的观念。个性教育就是在教育教学过程中，教育者尊重受教育者的个体差异、突出其主体地位，促进个性自主和谐发展。个性教育可通过尊重学生个体差异、突出学生主体地位以及建立新型师生关系这三条途径实施。

（1）尊重学生个体差异。一方面，要承认人无全才，但人人有才，教师和教学管理人员在教育教学过程中要充分考虑学生的生活、经济、文化等背景的差异，按照具体问题具体分析的方法做到因材施教，使学生人人成才。

另一方面要理解学生的奇思怪想和标新立异。学校应有宽松的环境让学生自由发表言论、阐述思想、探索新知。学校对个别学生的特立独行、标新立异等行为应给予理解、尊重和保护。苏霍姆林斯基说："只有承认这种个性差异，才有利于对每一个学生进行教育，才有利于发展学生的自尊心。"学生的个性在教育中能否得到发展，将影响到学生今后是否具有自觉思考、独立判断、敢于质疑、主动探究、勇于探新、善于探索、积极参与、勤于实践的创新精神与创新能力。

（2）突出学生主体地位。凸显学生的主体地位，发展学生的个性与主动性，可以克服学生思维中存在的从众定式。学生的主体地位可通过增强其主体意识和发展其自我意识两方面进行：

一方面，在教育过程中，教师通过增强学生的主体意识，培养和提高学生在教育中的能动性、创造性、自主性，使他们成为具有自我教育、自我管理和自我发展的主体。

另一方面，发展学生的自我意识。教师在教学中，引导学生正确地认识自己、评价自己，鼓励学生大胆地提出自己的看法，而不受教师所谓的标准答案的制约。

（3）建立新型师生关系。新型师生关系指以学生为主体、教师为主导的师生关系，即学生在教学活动中将有更大的主动性和自主性。

建立这种师生关系：

一要树立新的学生观，就是要承认学生是一个不断自我发展、自我完善的独立的人。教师要改变因学生的所思所想或所作所为与自己的想法或要求不一致，而对该生给予否定评价的做法，正确看待学生各自不同的思维方式和行为特点，正确对待他们在成长中存在的问题和错误。

二要加快教师自身角色的转换。教师要以人格魅力吸引学生、渊博知识感召学生，通过不断完善自己得到学生的爱戴，而不再以神圣不可侵犯的"权威"形象出现。杨福家曾说："教师要做学生头脑里火种的点火者，而不是灭火者。"因而，教师应努力改变师生之间原有的"权威—服从"式关系，克服学生思维中"唯师""唯上"的权威定式，将学生视为独立的个体，尊重其独特个性，最终形成相互激励、教学相长的师生关系。

高校只有按照"以人为本，以生为先"的教学管理思想，尊重学生的自主权和树立个性教育观念，才能为学生创造个性的发展提供足够的空间，才能充分挖掘学生的潜力，才能培养出具有创新精神和创新能力的人才。

（二）建立以学院制为主体的教学管理体制

建立以学院制为主体的教学管理体制，首先要根据学校学科专业发展的实际及其要求设置学院。设置学院后，注意校、院（系）两级管理体制在职、责、权的划分、院（系）管理自主权的扩大，以及学校对院（系）教学管理的重视三个方面的问题。

1.明晰校、院（系）两级职、责、权的划分

我国高校的学院要建设成为大学的人才培养、学科建设、科学研究和管理指挥中心，校、院（系）两级必须遵循职、责、权相统一的原则。职、权、责三者应结合成一体，克服那种"有职无权""有责无权"，或"有权无责""有职无责"等不利于提高工作效率的状态。

大学的校级领导和各职能部门必须从以往包揽各种日常管理事务的状态中解放出来，将以往的过程管理改为目标管理，减少对教学、科研等具体工作的干预。校级决策部门实行目标管理的基本方法是，根据一定时期内教育事业的发展方向，确定学校的办学方向和发展总目标，然后将总目标向院（系）执行机构层层分解，逐级展开，通过上下协调制定各层次的具体分目标，以学校的总目标指导分目标，用分目标检查各部门和所有个人的工作。

作为决策层，校级管理部门的主要职责是：掌握党的方针、政策，把握学校的办学方

向，明确未来发展的目标和重点；规划与设计人才培养方案、制定教学管理与学籍管理制度、评估专业和课程建设、建立教学质量保障及监控体系；保障重点实验室、图书馆和网络中心等共享资源的建设与管理；超越学院层次组建跨学科的科研中心与重大科研项目组，加强更大范围学科间的横向交叉综合等。需要注意的是，校级管理部门对重大问题做出决策之前，应充分发扬民主，广泛征求学者、教授的意见，充分发挥学术委员会、教学委员会等各个委员会在决策中的作用。

院（系）根据学校的总体发展方向和各项工作部署，制定该院（系）的中长期发展方向和目标，规划、协调各学科的建设，统筹调配院（系）的人、财、物，各种资源得以综合利用。同时，学院不能仅局限于校内，要走出校门，走向市场。根据社会的发展需要，妥善处理好学院与社会、学院与企业的关系，动员和利用院（系）的资源与相关产业进行广泛的联系。院（系）级的职、责、权包括：兼有承担基层行政管理和从事教学科研活动的双重职责；拥有教学、研发、机构设置、人事调配、奖金分配等方面的责权；负责管理、监督下属系部的各项教学、科研工作。

2. 扩大院（系）管理自主权

校、院（系）两级教学管理体制要做到职、责、权一致，院（系）所拥有的职责和权力必须相称。鉴于我国高校决策权集中在校级，院（系）级有责无权的现实情况，学校应将教学管理的权力适当下移，如培养方案的制订与实施、专业的设置与调整、教学经费的管理与使用、组织人事管理、自主配置资源、内部机构设置、实践实验基地管理、对外合作交流等，以扩大院（系）管理自主权，提高管理效率和办学效益，更好地履行大学为社会培养人才的职责。

由于我国在建立学院制之前，实行的是校、系、室三级管理体制，而管理权主要集中在校级部门，系和室只有较少的权力，因此，扩大院（系）管理自主权的主要途径是校级部门授权，其次是系、室级交权。从行政管理学角度来看，授权通常体现在两个层次：

一是决策层次的授权，即把一部分决策权授予下级行政机关或职能机构；二是执行层次的授权，即允许下级行政机关或职能机构在一定范围内自主完成工作。如果学校从执行层次上授权，学院则成为虚体学院；如果从决策层次上授权，学院则是实体性的。随着教学改革的逐步深入，虚体学院向实体学院呈演变的趋势。虚体学院要向实体学院转变，校级部门对其授予决策层次的权力是转变的有效途径。

校级职能部门在下放权力时，应做到学术权力下移为主、行政权力下移为辅，以突出学院的学术功能。学校将属于学术范围的权力下移到院（系）层级，如设置专业与课程、申报科研项目、管理学生、聘任教师的权力等；将一定的资源分配权、机构设置权以及人事权等属于行政范围的权力下移到院（系）一级。与此同时，校级职能部门以实施计划、监督、调控服务为主，领导和监控学院的工作。

扩大学院的管理自主权在一定程度上改变了决策权集中在校级部门的现象，为分层决策的实现提供了条件。实行学院制，关键就是管理权力必须真正下放到学院，否则学院制起不到应有的作用。

3.落实教学管理在院（系）中的核心地位

学校重视院（系）的教学管理工作，可从保障教学经费有效投入、开展教学管理的研究以及提高教学管理人员素质三方面着手。

（1）保证教学经费的投入。对于院（系）对外科技服务和短训班的收入，学校按总收入的一定比例收缴，剩余的留给院（系）做教学经费。对于急需项目的教学经费，学校每年给予专项保证。

（2）开展教学管理的研究。对教育教学管理知识贫乏的教学管理干部，学校对其进行相关培训，增加相关专业知识。教学管理干部将日常工作中积累的经验与实践相结合，使其经验得到升华，为其他教学管理人员的工作提供理论基础和实践经验。

（3）提高管理人员的素质。为了提高教学管理人员的素质，学校和院（系）领导要支持他们积极参加各种业务培训，学习教育科学理论，掌握管理专业知识，掌握现代技术手段。在条件允许的情况下，在招聘教学管理人员时就将是否具有教育科学理论、掌握管理知识和现代技术手段作为考核条件，把好入门关。

从全面直接管理到两级教学管理，是教学管理模式的重大转变。在改革的过程中，校、院（系）两级应理顺关系、明晰职、责、权的划分，校级职能部门应下放适当的权力给学院，确保教学管理在院（系）诸多管理中的核心地位。只有这样，院（系）才能在学校的大政方针指导下，建设成为培养创新人才的中心，从而为创新人才的培养提供良好的环境。

（三）健全学分制教学管理制度

高校可以从选课制、导师制、弹性学制和三学期制4个方面健全学分制教学管理制度，并发挥学生的自主性、尊重学生的差异性、调动学生的积极性以及培养学生的全面性，最终帮助学生养成良好的思维习惯、构建合理的知识结构。

1.完善选课制，发挥学生的自主性

选课制是学分制的基础，选课制允许学生在学校规定的范围内自由选择专业方向，选择课程，选择教师，选择上课时间和自主安排学习进程。如何设置选修课程，如何安排选修课的比例，学生能有多大的选课自主权等，已成为研讨学分制问题的焦点。因此，选课制主要从增加选修课数量、提高选修课质量、加强选课的管理和指导三个方面进行完善，不仅为学生提供大量高质量的选修课程，而且为培养具有创造性才能的学生奠定坚实的知识基础。

2. 完善导师制，尊重学生的差异性

导师制是成功实施学分制的关键。实行导师制的目标就是发展学生个性，通过为学生制定个性发展策略，跟踪学术需求，从而提高学生学习的积极性和持久性，达到提高教学质量的目的。根据师资力量制约学分制顺利实施的原因分析，目前我国高校在推广导师制方面还有待加强，可从组织、思想以及数量三方面展开工作。

（1）建立指导教师委员会。为了方便导师工作的组织和管理，学校应建立指导教师委员会，各院（系）则建立指导教师工作组。委员会由各工作组负责人和学校相关职能部门负责人组成，主要负责召开会议，听取汇报，解决问题，布置工作。工作组的主要任务是选聘导师，明确职责，制订工作计划，定期反馈信息，交流工作经验以及期末评估。导师授聘期间指导学生的工作要计算工作量，并与其年度考核及酬金分配挂钩；工作业绩要记入教学档案，作为提职晋级的依据。

（2）扭转部分教师认为本科教学管理并非自身责任的观念。

一要加强认识实施学分制的重要性，了解实行导师制的必要性，从思想上重视、行为上配合导师制的顺利推行。

二要认识到教学和科研之间是相辅相成的关系。教学、培养人才是高校的基本任务；科研是提高教师水平、教学质量以及办学水平的关键。教学与科研的结合是培养创新性人才的需要。导师除了担负一定量的教学和科研任务外，还要了解学生的学习情况、选课情况、成绩情况，解决学生在学习方法、专业知识等方面的问题。同时，导师要通过言传身教和人格魅力的感染，对学生进行潜移默化的思想教育。

（3）实行班级导师制。与导师一对一的交流能促进学生的有效学习，但是，鉴于我国高校教师的数量有限，且学生数量众多，难以实行真正意义上的导师制。针对这种现象，高校可实行班主任与导师相结合的班级导师制。这里所指的导师制是指为本科生配备导师，所以师生比例可稍微高一点，如 1：18。班级导师制是指 1 位导师带 3 位年轻教师（助教）或 3 位高年级的学生（硕士或博士），由这 3 位教师或高年级的学生（硕士或博士）分别带 6 位本科生。本科生平时的学习状况由这 3 位教师或高年级的学生（硕士或博士）定期向导师汇报，并把反馈信息传达给本科生。当然，这种方法很难达到导师直接指导学生的效果，但在学生数量远远高于教师数量的今天，它不失为一种好的解决办法。

通过实行导师制，可以培养学生的独立思考能力，不仅有助于学生的学业，而且有助于通过迁移培养学生的其他能力。

3.实行弹性学制，调动学生的积极性

弹性学制是以学分制为基础的教学管理制度，只要修满了学校规定的学分，允许学生提前毕业，也允许家庭经济困难或有志创业的学生中途停学工作或创业，从而延长学习年限。为此，高校应建立灵活的弹性学制，以改变现行学籍管理制度对学分制的影响，从而调动学生的学习积极性。

弹性学制的建立，给学生自主确定学习进程以极大的自由度，具体可从3个方面进行。

（1）打破专业壁垒。这里所指的打破壁垒，一是转专业难，二是不同专业互认学分难。

对于转专业难的现象，高校的各院系可以建立转专业指导小组和评估小组，分别负责为学生提供咨询服务、接受转专业申请并对其考核、评估以决定该生是否适合转专业。转专业只能在学校教学资源允许的情况下进行，不可能完全放开。对于不同专业学分互认的情况，高校可以打通主、辅修界限。

对于学有余力，在规定学制范围内选择辅修专业的学生，如果未能达到该专业的全部要求，但已修合格的课程应可作为其主修专业的选修课学分。打破专业壁垒不仅能弥补专业设置过窄、专业选择过死的弊端，而且能满足学生的学习兴趣，激发其学习积极性。

（2）模糊学习年限。在学年制度下，假设所有的学生都处于同一起跑线、都具有同样的学习能力，在同样的时间内完成同样的学业。这种做法违背了因材施教的原则，高校应使学习年限具有灵活性，任学生自由选择。

第一，允许学生延长学习年限。学生可在规定的学习年限内完成学业，也可延长学习年限，通常在1.5倍或2倍于学制的时间内完成。

第二，允许学生分阶段完成学习，可以边工作边读书，也可以先工作后读书。例如，河北经贸大学在教学过程中推出了"让路"原则和"三明治"模式。前者指如遇有意义的社会实践活动与教学相冲突时，可适当地暂缓教学，实践活动先行；后者指两个学期或学年之间夹一个学期或学年的社会实践。真正为加强学生实践能力提供了平台和保障。

第三，允许学生申请休学或停学，并对此不做过多限制。

（3）改革学位制度。

一要改变提前毕业不能提前授予学位的现象。学生修满学分，获准毕业的同时，就可以获得毕业证书与学位证书，否则，提前毕业就无任何实质意义。

二要取消离校后不授予学位的限制。对于在校学习期间未修满学分持肄业证或结业证的学生，允许其回学校继续重修不及格课程的学分，修满学分立即颁发学历证书，符合学位条件的可同时颁发学位证书。这样，学习的弹性可以从在校期间扩展到离校以后。

虽然这种创新加大了管理人员的工作量，但为学生带来了方便，使其在校期间能充分发挥主动性、积极性和创造性，体现了教学管理以生为本的原则。

4.实行三学期制，培养学生的全面性

高校教育的改革和发展随着社会的进步逐渐推进。新中国成立以来，我国高校一直采用的两学期制教学管理制度渐渐跟不上时代的步伐，不能适应正在全面推行的学分制改革。为增强学期制对学分制的适应性，高校可将原来的两学期制变为三学期制，以解决选修课与必修课、理论课与实践课之间的矛盾。高校实行三学期制需要解决三学期的学期划分和夏季学期的课程设置、夏季学期的师资安排以及学校教学与后勤管理等方面的问题。

（1）三学期制的学期划分。三学期制指一学年包括春、夏、秋3个学期，其中夏季学期是在原来的春、秋两学期各缩短两周的基础上增加的。秋季学期一般9月中旬开学，春节前半个月结束；春季学期通常在春节后10天左右开学，6月中下旬结束；经过一周的休息后进入为时8~9周的夏季学期。在推行三学期制的过程中，要突出夏季学期的特色，而不能将其作为学期的续延。

（2）夏季学期的课程设置。夏季学期的课程分为4个部分，学生可以根据各自的需要选择不同内容。

第一部分，开设选修课。夏季学期开设的选修课应遵循课时短、内容新、难度适宜的原则，学生则应遵守选课要求。在夏季学期内，学生可以自由选择修读的课程。开课3天内为学生的试听阶段，试听后要确定选课方向。所选课程一旦确定，就必须修满该类课程所规定的学分。夏季学期的成绩纳入学籍管理，达不到规定学分者，不能如期毕业。

第二部分，设置实践性强的课程。利用夏季学期相对集中的学习时间，安排不易分散教学的实验课程与实习、组织学生进行社会实践，培养学生的实践能力。

第三部分，安排学术专题与讲座。充分利用夏季学期聘请国内外专家、学者进行学术报告或专题讲座。

第四部分，开展外语活动。加强外语的应用能力，以适应双语教学和日后就业的需要。

除了以上课程外，对于具有科研能力的学生，还可利用夏季学期集中参与教师的科学研究，以培养科研能力和创新能力。

（3）夏季学期的师资安排。

一方面，可合理安排校内资源。实行三学期制后，随着春、秋两学期的学时缩短，教师讲授课程的内容也相应地有所精简，也就减少了原有的课时。教师为保证完成规定的教学工作量，必将主动开设适应社会需要、学科发展需要和学生需要的新课程。

另一方面，充分利用校外资源。聘请国内外知名学者来校讲座或开设短期课程，丰富课程内容，拓展学生视野，同时，增加本校教师进行高层次学术交流的机会。

（四）构建高校教师培训体系

高校教师培训是指我国各类高校中进行的师资教育。通过培训教育提高师资水平，不仅能切实保证教师的教学质量，而且能保证培养学生的质量。随着教育改革的不断深化，虽然我国高校教师培训工作取得了重大进展，但在培训过程中仍然存在一些问题，阻碍了创新人才的培养。

教师培训过程中出现的问题表现在 3 个方面。

1. 注重业务培训，忽视师德培养

无论学校组织培训还是教师参加培训，其功利性均较强，培训内容多倾向于为提升学历、评审职称、出国进修做准备，不够重视师德培养。即使高校进行师德培训，也只是短短几天的《教师职业道德修养》课堂讲授，不足以全面提高教师的职业道德修养和思想政治素质。

2. 注重学历培训，忽视非学历培训

教师培训过于关注教师更高学历的获取，而忽略教师综合素质的培养。

3. 注重培训过程，缺乏培训考核

高校教师培训工作注重过程，对教师培训的整体绩效缺乏检查、监督、评估机制，难以达到教师培训的预期效果，影响教师教学水平和教学能力的提高。这些问题使教师培训失去了原本要提高教师思想素质、教学水平以及综合能力的意义，使创新人才的培养受到阻碍。

高等学校师资培训工作要坚持立足国内、在职为主、加强实践、形式多样、以中青年教师为主、以高层次培训为重点的原则，加强师德教育，提高教学和科研能力，推动学校发展。构建教师培训体系包括培训对象、培训形式、培训内容、培训考核与评估以及培训经费等内容。

（五）协调教学与科研的关系

协调处于失衡状态的教学与科研之间的关系，就要明确学校的定位，调节教师的心态，建立公平而有效的评价机制以及促进教学与科研的相互转化。

1. 明确学校的定位

如果将大学分为研究型大学、教学研究型大学以及教学型大学三类，各类学校的侧重点肯定不同。研究型大学虽然较其他大学更多地从事与国家长远利益相关的基础科学研究以及国家重大科研项目的研究，但同样要重视教学，给教学效果良好的教师以应有的学术尊重。

2. 调节教师的心态

部分教师感到只专心教学既没有前途，又没有"钱"途，得不偿失，而专心科研则能名利双收。对此，学校应调节教师的不良心态，改变其急功近利的思想。

一要从外部进行调节。学校要提高对教学的认可程度，与科研型教师相比，教学型教师也应获得相同的尊重和享有同等的地位，树立教学水平也是学术水平的观念，建立公平有效的评价标准等。

二要从内部进行调节。高校教师应加强自身的道德修养，以正确的道德规范看待现实的利益关系，处理好教学和科研之间的利益矛盾，在工作中协调教学与科研的关系，使之平衡发展。

3. 建立公平而有效的评价机制

如果将教学水平视为学术水平中的一种，就必须有衡量教学水平和教学效果的科学方法。依据学校的办学特点，权衡教学与科研在教师评价中的比例，同时参考教师的教学工作量、教学水平与效果、创造性思维、和谐发展的人格，从教育价值、学术价值、社会价值各方面综合考虑，建立科学的评价指标体系。评价指标体系包括评价主体、评价方式、评价内容以及评价标准4个方面。

4. 促进教学与科研的相互转化

由于学校既不是企业也不是科研院所，因此，在大学里从事科研工作应该与培养学生联系起来，不能脱离教育学生这个"本"而从事科研活动。联系科研与学生的纽带就是科研与教学的相互转化。

科研成果对教学的转化可以通过以下方式体现：

（1）教授和学科带头人为本科生上课、举办讲座；

（2）教师上课不仅传授已有的学科知识，而且应把最前沿的学科动态介绍给学生；

（3）教师将科研成果编进教材、带入课堂、带进本科教学实验室；

（4）教师采取研究型教学，加强师生互动，让学生主动参与获取知识的过程；

（5）吸收高年级本科生参与科研，培养其科学精神和创新能力；

（6）积极开展大学生课外科技活动，加强对学生的创造性实践与训练。

教学向科研的转化则通过科研项目来源于教学的方式表现，即教师在教学和教学实验的过程中发现新的科研方向；在指导学生毕业设计、毕业论文或实践科目的过程中得到攻克难题的启示；研究新的教学方法满足教学改革的需求。诚如雅斯贝尔斯所说："只有自己从事研究的人才有东西教别人，而一般教书匠只能传授僵硬的东西。"大学教师，特别是高水平教师，要尽量多传授自己的"原创作品"，即科研成果，教师的科研成果越多，教学内容就越丰富。协调好教学与科研之间的关系，不仅有利于教师教学与科研水平的提高，而且有利于创新人才思维能力、科研能力以及创造能力的培养。

二、高校教学管理体制创新的实验研究

面对急剧变革的社会对人才不断提出的高要求，高等教育面临着前所未有的挑战。高校从各方面进行着日益广泛和深刻的变革，建立教学改革实验班（以下简称教改实验班）就是其中之一。

（一）教改实验班教学管理体制的创新

尽管各高校教改实验班在办班形式、培养模式、管理方式上有所不同，但其培养目标却是惊人的相似。各实验班的培养目标可综述为，培养拥有坚实基础、富有创新精神和实践能力、具有国际竞争力的高素质复合型人才。为了完成这一目标，各教改实验班在教学管理体制上进行了如下创新：

1. 教学管理思想创新

"十年制高等教育"是指将本科教育和研究生教育融为一体，在本科教育阶段仍然以基础教育为主，至研究生教育阶段再进行专业教育。"十年制高等教育"理念是一种新思想，但由于各高校的实际情况存在差异，该思想并不适用于所有教改实验班，具有一定的特殊性。

2. 教学管理方式创新

在教学管理方面，教改实验班有别于其他普通班级，它采取了分段式教学管理。这种方式将整个教学计划分成基础教育和专业教育两个阶段。在基础教育阶段，即入学后的第一、二年，学生不再像以往那样先分专业，而是按大类学习规定的课程，共同接受基础教育。在第三、四年进行的专业教育阶段，实验班学生按所在专业的培养计划接受专业知识的教育，并可在学有余力的情况下，提前参与科学研究。

3. 教学管理制度创新

设有教改实验班的高校在这块"试验田"里完全实施学分制。以元培计划实验班为例，该班实行的是在教学计划和导师指导下以自由选课为基础的学分制。实验班学生在进校后第二年配备导师，导师根据学生的特点、特长和志向指导学生选专业、选课、制订个人学习计划，对学生从入学到毕业进行全程指导。在导师指导下，学生根据自己的情况安排3～6年的学习计划，少则3年即可毕业。若在4年内仍未完成本科阶段的学习任务，则4年后仍可继续修读，直至修满学分毕业。第二学年末或第三学年初，学习成绩合格者可以在学校教学资源允许的情况下自主选择专业。

4. 教学管理过程创新

教学管理过程创新包括加强基础淡化专业、聘用最优秀的教师以及培养科技创新能力三个方面。

（1）加强基础淡化专业。教改实验班按大类招生，不分专业，采用"加强基础、淡化专业、因材施教、分流培养"的办学方针，充分利用综合型大学学科齐全的优势和良好的教育资源，实践本科阶段低年级基础教育和高年级宽口径专业教育相结合的教育理念，突出基础、能力、素质三要素的全面培养。

（2）聘用最优秀的教师。各高校的教改实验班为学生配备了全校最好的师资。

（3）培养科技创新能力。建立教改实验班的高校为该班学生创造了参与学术活动和国际交流的机会，以培养他们的科技创新能力。

（二）教改实验班教学管理体制创新的启示

由于教改实验班在各高校是教学改革的"试验田"，承担着先行者的任务，学校对此又给予了各项优惠政策，因此，尽管其在教学管理体制上多有创新，并显现其优势，但限于学校的条件，短期内并不适宜在全校范围内推广。暂时不能推广并不等于否定了教改实验班的管理创新，恰恰相反，实验班的成功表明了我国高校教学管理体制今后需要努力的方向。

1. 改革教学管理制度

对于学生而言，教学管理制度需要进一步改革的内容是，在现行的学分制和学年学分制的基础上，实行更为自由的选课制，更利于学生学习的导师制以及按学分注册、缴费、毕业的学籍管理制度。对于教师而言，教学管理制度应在培养教师的创造性，营造有利于教师创造性发挥的宽松环境方面继续努力。

更为自由的选课制是学分制的核心。学生在导师的指导下，对于选择专业、课程、授课教师和学习进程有较大的自主选择权。导师制要求在全校范围内选聘导师，副教授、教授均可为本科生担任学业导师。每学年对导师进行一次年度业绩考核，考核结果作为职称晋升、岗位聘任的基本条件。按学分收费将是全面实施学分制后的必然趋势。例如，新生第一学年不参加选课，就按照国家规定的标准收取培养费。第二年按所选学分注册，收费金额按目前学年制的收费标准折算的单位学分收费标准计算，依此类推。

（1）在培养教师创造性方面，学校主要采取对教师进行职后继续教育的方式。随着科学发展的日益变化，教师的知识不可避免地要不断更新，否则就不能适应教学的需求。教学管理部门根据学校发展的总目标，针对学科设置的要求，制订教师培训的具体规划。规划的内容包括选拔培训人员的条件和方式，规定培训内容、培训方式、培训时间、培训经费及培训期间待遇等。

（2）在营造创新环境方面，学校可以从物质环境和精神环境入手。创造物质环境就是加强硬件设施，为教师创造良好的工作环境，如建立设备先进齐全的科研实验室、教学研究室，加强多媒体教室的建设，加强校内信息网络、图书馆、科技资料室的建设，美化校园环境等。精神环境就是营造一种民主、公平、自由的氛围，如尊重教师的人格和生命价值，客观评价教师的教学科研工作业绩，重视教师的科研成果和劳动价值，容纳教师的不同学术观点等。

2.改变教学管理模式

随着"以人为本、以生为先"教学管理思想的逐渐渗透，高校将加大改革步伐，使"以教师为中心"的教学管理模式向"以学生为中心"的管理模式转变。具体表现为两段式教学管理、参与学术研究以及加强对外交流。

第一，两段式教学管理。为了达成高校培养具有厚基础、强能力、高素质人才的培养目标，高校教学管理部门将按照"强化基础、淡化专业"的观念，实行以通识教育与专业教育有机结合为核心的两段式教学管理。对于两段式教学管理，不同学校采取的方式各有差异，一般分为2+2模式或1+3模式。

第二，参与学术研究。吸引学生参与学术研究的出发点在于充分利用本校的教学资源、高水平的师资队伍和雄厚的科研实力，为学生提供科研训练平台，以培养学生的创新思维、创新精神和创新能力。学生参与学术研究可以通过三种形式进行。

（1）参与导师的课题研究，以获得导师的言传身教；

（2）参与学校的科研训练项目，以培养团队合作精神和实践能力；

（3）参与各种学术沙龙、学术报告会以及学术交流活动，以增进对该学科前沿的了解。

第三，加强对外交流。高校应努力扩大对外交流，使学生获得全新的体验，拓宽视野、增长知识、提升看问题的高度、为提高国际竞争力打下良好的基础。学校应积极拓展各种渠道，为本科生在校期间出国交流提供更多的机会，如校际、校企以及国际之间的交流。交流形式包括短期课程学习、短期培训、技术实践以及文化交流。

第四节　高校二级学院教学管理模式创新路径

随着我国高等教育体制改革的不断深入和发展，高校内部教学管理体制的改革开始受到越来越多的社会关注。实行校院两级管理，实现管理重心由校职能部门下移至学院，充分发挥高校二级学院创新管理的积极性和潜力，是高校内部管理体制改革的重要方向之一。

二级学院作为高校人才培养的基本单位和主体，其教学管理的理念更新、管理方式改革在二级学院管理制度建设和创新中至关重要。

二级学院教学管理是目前大部分高校积极推进和执行的不同于传统管理方法的新模式，是我国高校发展的有效的动力机制，其很早就被发达国家采用。"二级学院教学管理"是指在新时期高校办学思想的指导下，根据校、院（部）教学管理目标，按照教学特点和教学管理规律，选择和采用切合教学实际的教学管理方法，对校、院教学活动进行优化、决策、组织、计划、评估、协调、监督等过程。二级学院教学管理的主要执行单位是院（部）教学管理部门，实施此模式的宗旨就是降低管理重心，下放管理权限，以充分发挥院部的管理效能。

近年来，全国各地越来越多的高校进行了升格或更名，逐步跨入了一个高水平、高质量的办学阶段，实施二级学院教学管理已经势在必行。经调研，"二级学院教学管理"在贯彻实施过程中普遍出现了一些状况和问题，这表明二级学院教学管理模式的实施并不彻底，完全推进二级学院教学管理模式的实施任重而道远。

一、高校二级学院教学管理的主要任务

我国高校的教学管理体制基本由学校和二级学院（部）组成。其中，教务处作为学校教学管理职能部门，主要负责在内容和时间方面的宏观调控，甚至是服务性的工作，二级学院（部）再继续将教学管理过程细化和优化，自助开展各项教学活动。

学校教学管理权力包括决策权、管理权和财务权等，随着这些权力的下移，二级学院（部）的责任和任务会更加重要和繁多。高校二级学院教学管理的主要任务可以概括为教学计划管理、教学运行管理、教学质量监控与评价、教学辅助管理。

二、高校二级学院教学管理的现状及存在的问题

我国高校现有教学管理模式存在的问题是以校级为主，二级学院教学管理自主性不足，大多数教学管理权限都集中于校级职能部门，二级学院基本是被动执行。二级学院的主动性和自主性得不到发挥，其功能和优势也就无法得到体现，其工作效率势必会受到影响。众所周知，二级学院教学管理模式受学校办学历史、管理理念、学科特点、人才培养目标定位、生源多样化和学生个性化发展及地区经济与文化差异要求等多方面的影响。

因此，二级学院教学管理模式改革创新是一个复杂的系统工程，如何充分运用学院教学管理资源，调动学院教职工工作的积极性，提高学院的教学、管理水平与科研水准，促进和推动高校的改革和发展，为培养社会发展需要的优秀人才提供良好的学习环境是一个

值得深入研究探讨的问题。

二级院部的管理范围很宽泛和细致，工作任务量也极大，其地位和作用决定了要有一定的决策权，也需要必要的经济支持。经实地调研发现，部分高校实施的二级学院教学管理并不彻底，存在诸多问题，主要有如下几个方面：

（一）校、院两级的职责关系未理顺

我国的高等教育已经进入"后扩招"时代，学校整体出现招生速度下降但规模较大的局面，大部分高校已经开始实行学分制或弹性学制，所有的教学管理都进入网络化、制度化时代，本科生培养目标的不断转型，这些都导致了教学管理工作日趋多样化、复杂化。

这就要求高校要迅速推行二级学院教学管理模式，充分调动二级学院的工作积极性。但在具体的实施过程中，由于相关的联动机制滞后，有的学校层面的管理岗位不但没有减少，反倒有所增加，导致二级学院（部）听从于多个部门的指挥，推行二级学院教学管理模式的力度受限。虽然表面上称为"二级学院教学管理"，但实际上仍旧延续以往的"集权式"管理模式，即二级学院教学管理单位仍然是执行的、听令的。

这种状态导致了高校教学管理方式不能理顺，管理效率和效果不够理想。

（二）"三权"划分不明确

部分高校的二级学院教学管理的决策权、人事权、财务权仍旧存在划分不清或者受限的情况。二级学院教学管理实施以来，虽然学校和院部的权力已有分工，但很多情况下二级学院教学管理的决策权还集中在学校层面，有的高校仅是把工作任务下放了，二级学院（部）没有太多的能力去开展创造性的工作。这种现象是原有管理方式变革不彻底及现有管理措施力度不大造成的。

二级学院（部）被动地接受学校教务处等部门下达的指令，机械地进行上传下达，因为权力受限无法自主地进行有规模的教学管理活动，在等待中工作，教学状态懈怠，同时也易导致学校教务处或相关科室成为各种问题与矛盾的焦点。尤其是教务处，各个科室每日门庭若市，人来人往。因为权力不大，院部也会把一些问题抛给教务处解决，教师、学生遇到问题都随时到教务处咨询。

（三）教学管理队伍配备力量薄弱

虽然二级学院（部）的教学管理队伍是学校教学工作的主体，但很多高校对二级学院教学管理人员没有明确的人员配备标准，主要存在以下几方面的问题：

（1）有的二级学院仅设两名教学管理工作人员：教学院长和教学秘书，而不是分工细致的管理团队。尤其是教学秘书，一人顶多岗，工作繁忙。

（2）有的教学管理工作人员由辅助岗位调转而来，专业不对口，没有经过特殊的培训，业务能力一般。

（3）教学管理人员的待遇保障、升职制度不健全，缺少教学管理激励机制。

（4）在设立岗位时没有充分地考虑到人才梯队建设。

这些问题导致了教学管理队伍不稳定、人员调动频繁、工作的连贯性差、工作积极性低等现象的发生，极大地影响了二级学院教学管理队伍的建设和教学管理质量的提升。

三、国外高校二级学院教学管理模式的启示

与国外教学管理模式进行比较会发现一些规律，并找到我国教学管理模式的不足和独有的特点，有助于教学管理改正自身错误更好地向前发展。目前，欧美发达国家，亚洲的日本、新加坡等国家的综合性大学都采取的是学院制管理模式。不同大学由于其历史传统、办学理念等迥异，各高校的院级教学管理模式也就各有特色。

（一）欧洲大学秉承科层型教学管理模式

以法国和德国的大学为代表，它依赖于等级制度和规章取得学院成员间的合作，用类似于行政管理的手段确定院校各层次职能与职权，在教学中严格按照所处科层进行管理。

（二）英国高校的管理不受政府部门直接领导

英国高校的管理仅受其所制定的法令法规的约束。就大学内部的管理而言，英国重视学术团体的权威与传统，故而形成了社团式，依赖于同业人员的共同价值观和传统来统合人们的行为。

（三）美国高校教学管理模式的形成与发展

美国人立足于市场竞争的需要，以管理公司的模式去管理学校，这种市场式教学管理取得了令人惊奇的成绩。

（四）日本在学院内部设有讲座教授

日本在学院内部设置的讲座，它的职责与教研室相似，是日本高校里的基层教学模式。负责讲座的教授有权决定讲座的内容，以及学院的人事管理、财务管理、行政管理等多方面的工作。

欧美及日本高校的二级学院教学管理模式日益明显的发展趋势是采取等级化的协调机制，建立可交流学际间信息的、可协调职能部门活动的、可适应工作任务变化和环境变化的新的教学管理机制。我们应借鉴这种管理机制中有价值的东西，同时保留自身特色的先进的东西。因此，我国教学管理模式进行改革，并不意味着原有的教学管理模式一无是处，而是要探索既与国际接轨又独具中国特色的教学管理模式。

四、院级教学管理模式创新

二级学院是高等院校教学活动的实体，改革二级学院教学管理模式，探讨校院两级管理模式下二级学院教学管理模式必须遵循的原理，讨论这些原理对于二级学院教学管理的具体应用。鉴于目前学院教学管理现状，找出适应二级学院教学管理模式的新的途径。

（一）更新教学管理理论，树立"以人为本"的教学管理理念

教学管理理念创新是教学管理创新的基石。不同年龄、不同层次的主客体组成了二级学院教学管理组织，在这个组织中每个人的个性差异形成复杂的组织，统一管理的对象都是人，因此，"以人为本"是高校二级学院教学管理理念的基础。树立"以人为本"的教学管理思想，实质就是树立"以教师为本""以学生为本"并重的理念。把教师与学生的全面发展与需要作为教学管理改革的主要目标。

1."以教师为本"

"以教师为本"就是要在教学管理中充分尊重教师的劳动成果，把教师的主体地位摆在教育的第一位，发掘教师的主人翁意识，激发教师的主动性。教育的改革与创新要求学校必须树立"以人为本"的教育理念。在教育管理工作中，应当以促进教师的发展为目标，把尊重人、关心人、发展人结合起来，贯穿于教育教学中的各方面。

新课程改革中要体现以人为本，突出对学生、教师主体的尊重。二级学院管理者应摒弃高高在上的官本位思想，将自己与教职工摆在同一位置，在相互尊重、沟通合作、体谅宽容和公平竞争的基础上处理工作关系。

教师是有思想、有感情、有独立人格的人，他们有各种需要并且渴望实现自身价值。学院管理要重视这种特性，在注重科学管理的同时，确立人格意识，依靠以人为本的管理理念和激发教师自身的事业心实现管理目的，这才是最有效、最科学的管理。

2."以学生为本"

"以学生为本"就是树立一切以服务学生为主的思想，优化教育教学管理模式，增加专业选择机会与途径。在大学的学习生活中，随着对自己专业的了解、知识面的拓宽或者自身身体原因，一些学生觉得目前的专业并不适合自己，为了使学生个体能更好地发挥自身潜能，培养优秀的人才，应适度增加选择专业的灵活性。

另外，还要因人而异、因材施教，即分层次教学，促进不同特点的学生共同发展，要注重细节管理，为学生创造良好的学习环境。尽量简化各种管理环节，为学生提供一站式服务，强化服务育人、关心育人的思想，使管理者与管理对象之间真正达到管理过程的和谐统一。

（二）完善教学管理制度，使教学管理规范化、系统化

强化制度建设是保证教学质量的基础，是学院教学管理的中心工作。建立学生出勤率考核制度，建立学院教学督导制度，建立教学效果考核制度等，这些都会极大地促进教学管理的有效性、有序性以及系统性，激发教师参与热情，增加教师间的交流。

1.注重教学运行的过程管理

集中检查学期所有上课教师的授课日志、教案、课堂教学大纲等教学文件，对不符合要求的教师不准开课，同时还要求教师集体备课，系主任及院内督导随堂听课，且为每位青年教师配备导师，以保证开课质量。这些教学管理方式能够有效提高课堂教学质量，也可以使教师在讲授时有更明确的工作目标和方向。

2.严格学籍、成绩管理

高校学籍管理与学生成绩管理事关学生切身利益。规范学生学籍、成绩管理是教学管理中非常重要的工作，每个学期都要对成绩进行彻底清查，对于学生退学、留级以及学籍预警现象，及时通知班主任及学生家长，使他们了解学生在校基本情况，不仅提高教学管理服务水平，而且对学生加强了过程管理，增加了家长参与学生学习管理的机会，有效保障所培养学生的质量。

（三）建立健全教师培养机制，全面提升教学质量

教学管理人员要对教师的特点和优势有充分了解，二级学院要从教师课堂教学、科研及社会服务方面着手，发扬创新精神，促进教师教育教学水平的提高。应重视青年教师的培养，鼓励青年教师参加各类教学大赛。

一方面，可以展现青年教师在备课、讲课等方面的讲授能力，增加教师间的交流，教师间互相借鉴、互相激励、共同提高。

另一方面，在评委组指导下，使青年教师在教学设计、教学手段、教学功底、教学理念、能力培养、知识落实、联系实际等方面更加规范，大力提升课堂教学质量与教学水平。

开展教研活动是提高教师业务能力、保证教学质量的重要措施，学院可根据专业特点和各系规划准备情况开展教学研究。教师尤其是青年教师能通过教研活动熟悉高校教学，了解教学课堂，探讨教学方法、教学内容、教学研究方面的问题，从而把握教学重点，提高教学效果，并能够增加集体的凝聚力。

另外，要提高青年教师的教学水平，针对现在高校各二级学院青年助教上课较多的情况，做好青年教师的培养工作，在青年教师中实行导师制，定期听导师授课，学习借鉴教学经验，并与导师进行交流，充分发挥名师的"传帮带"作用。不定期举办示范教学课，组织教师观摩学习，并利用教研活动时间进行讨论，切实加强示范课的作用。加强对青年

教师的培训和考核，对新到岗的教师进行试讲，合格后才允许上讲台。导师要针对青年教师的实际情况制订教师培养计划，保证青年教师的课堂教学质量。

以科研促教学，充分利用高职称学历教师的资源优势，不仅能创新，更要把科研应用于教学中，真正做到以科研促教学。让一部分学生参与到教师的科研活动中，使学生不但要掌握好课本知识，而且要了解本学科的前沿知识。教师在课堂教学中积极尝试新的教学方式，发挥学生学习的能动性，引导学生走上讲台，鼓励学生考取研究生继续深造，并组成考研帮扶互助小组，不断提升学生教育层次。

第七章　高校教育教学的发展创新

第一节　寻求高等教育路径现代化

推进高等教育现代化，建设高等教育强国，必须立足于中国社会现实与实际需要，扎根于中国文化教育的土壤与血脉，吸收借鉴人类知识积累与文明成果，特别是要抓住当下中国深化改革、扩大开放、推进社会转型的良好时机，充分利用政府科教兴国、人才强国、创新富国的政策支持和资源优势，在保持高等教育规模稳步扩大、多样性与丰富性不断增强的同时，努力提升高等教育的质量与品质，认真探索适合中国社会需要和发展节奏的高等教育现代化模式。

一、探索高等教育现代化的中国路径

在世界上人口最多的发展中国家实现高等教育现代化是宏大而独特的教育创新，也是广泛而深刻的社会变革。在这一过程中，我们既不能简单延续中国高等教育发展的已有经验，也不能完全模仿西方发达国家高等教育的发展模式，只能在承继历史、借鉴他人的基础上，努力探索适合中国国情、具有中国特色的高等教育现代化之路。这是中国跻身世界知识体系前沿、形成中国高等教育思想、制度和文化高地的关键。

（一）坚持走中国特色和世界水平相统一的道路

到 2030 年，中国不仅要在高等教育规模、结构、质量、效益、公平等方面达到国际先进水平，还要为人类社会贡献中国人所创造的具有普遍意义的办学理念和可资借鉴的办学模式。将"中国特色"与"世界水平"融为一体，使其相互支撑与促进，是中国高等教育现代化探索进程中最具挑战性、最有价值的部分。强调"中国特色"并非指中国独有，而是以中国为案例，通过对这片土地上近百年的改革探索与创新实践的浓缩提炼，展示后发的人口大国面对全球化、知识经济及社会转型的多重压力，艰难生存、崛起并发展的历史经历；为应对当前和未来全球重大问题的挑战，提供具有普遍意义、可资借鉴的经验。

（二）坚持走文化优势与体制优势相结合的道路

高等教育现代化的建设路径要立足中国国情，扎根中国血脉。中华民族源远流长的文化教育传统历经人类历史长河的冲刷洗礼，不仅值得，而且必须为现代中国人所珍惜和承继，这是支撑我们生存和发展的精神基因。在高等教育现代化的过程中，我们要努力挖掘和弘扬中国文化传统中具有现代生命力和普遍解释力的原创性资源，树立文化自信，使现代中国具备坚实的文化根基。

作为"后发型"的发展中大国，中国社会对高等教育旺盛的需求与相对匮乏的资源支持形成巨大反差。我国要缩短与发达国家的差距，高等教育现代化建设要强化目标导向性决策，就要充分发挥我国社会主义制度能够集中力量办大事的政治优势；同时积极开拓和利用市场、社会等多种资源，大胆突破制度性瓶颈和体制性障碍，使高校拥有更加自主、自律发展的条件和空间。

（三）坚持走教育发展与国家富强相结合的道路

从现代高等教育的发展规律来看，将知识生产、人才培养与服务国家战略有机联系在一起是发达国家高等教育机构生存发展并走向成功的共同特点。中国的很多高水平高校也是因高度参与国家工业化、现代化进程，对国家知识创新体系建设做出贡献而得到政府和社会认可，逐渐跻身世界一流高校行列的。高等教育发展的根本动力来自宏观经济社会需求与高校发展内在逻辑的有机结合，走向 2030 年的中国高等教育现代化进程，必须找准高等教育和国家发展富强的结合点，在政策与实践上精准发力，走依法治教之路：一方面政府通过体制改革，简政放权，赋予高校更大的法定治理自主权；另一方面高校要加强服务国家战略需求的意愿与能力，使人才培养及学术研究的成果在国家可持续发展及现代化建设中发挥更大的作用和价值。

（四）坚持走全球视野与中国意识相结合的道路

高等教育现代化是世界性趋势，需要我们以开放的姿态走向世界，以虚心的态度学习国外先进经验，以积极的行动参与国际交流。高等教育现代化也是本土行动，需要立足国情，针对中国社会实际问题，制订本土化解决方案。

中国改革发展中面临的问题既有中国特定经济社会因素，也有全球化的共同背景。因此，发现并科学解释和解决这些问题必须将全球视野和本土意识相互结合，将人类社会所积累的多学科知识、多领域经验与中国独特的文化传统和实践智慧融会贯通，走出具有中国特色的现代化建设之路。

二、强化高等教育资源保障与政策导向

高等教育已成为人类所创造的最庞大的社会事业，其现代化建设需要投入大量人力、物力、财力及政策资源。可以说，资源保障是高等教育现代化建设的重要基础，是中国到2030年整体实现高等教育现代化的约束性条件。历史经验告诉我们，凡是跨越中等收入陷阱的国家，都是在发展的关键时期保障并提高了对教育的投入；凡是在教育上欠账的国家，都跨不过中等收入陷阱。因此，我们必须将资源保障提到战略高度。

（一）继续加大高等教育经费投入

高等教育经费投入是衡量一个国家保持并发展其创新能力的重要指标。近年来，我国的高等教育经费虽然随着经济的不断增长而上升，但是与发达国家，尤其是高等教育强国相比，还有不小差距。为实现高等教育现代化，必须保障经费投入。

第一，加大政府投入，提高高等教育经费占 GDP 的比例，提高高等教育经费在国家财政支出中的比例。《中华人民共和国高等教育法》对我国高等教育经费的来源渠道有着明确规定，即"国家建立以财政拨款为主、其他多种渠道筹措高等教育经费为辅的体制"。这样的公与非公相结合的高等教育经费体制符合世界高等教育发展潮流。

第二，增强高等教育经费的多渠道筹措机制，提高非政府投入经费的总量和比例。目前，我国高等教育经费的多渠道来源主要包括学生学费、银行贷款、校企合作收入、捐赠、基金收益等。其中高校收费改革遭遇到了学费水平的"瓶颈"，高校收费制度有待创新。要打破统一学费水平的制度安排，通过价格细分，实行差异性收费。在学费标准的制定中应综合考虑学校水平、学科专业性质、学校所在地区经济发达水平、学生家庭收入水平等变量，实现学生的学费水平与学生家庭支付能力、学生培养成本以及毕业后的预期收入成正比。尊重高等教育发展水平和经济发展水平的地区差异，扩大高校收费自主权。

第三，提高高校自身经费筹措能力，丰富高等教育经费多元化投入体系。要积极扩大对高等教育的非"政府"投入。例如，在核算学生年均成本的基础上，针对不同地区、不同专业、不同学校、不同收入水平的学生制定不同学费标准；在成功化解目前高校债务危机的基础上，可以考虑通过立法或其他措施进一步建立和完善我国高校长期低息贷款制度以及公开发行债券制度；高校应通过科研成果转化和专利技术转让，进一步吸引社会企业增加对高校的经费投入。发展并完善创业型大学理念，借鉴国外高等教育经费投入体制改革经验，在增加政府财政拨款和社会多种资金投入的同时，增强大学自身经费筹措能力。将改革高等教育经费投入体制作为国家综合改革的重要目标之一。为实现这一改革目标，以市场为核心的筹款管理、投资管理、产业经营等营销方略将成为我国大学自力更生，从"创收"走向"盈利"的重要选择。

（二）切实发挥拨款的政策导向作用

政府政策在我国高等教育的改革与发展中作用明显，这是中国高等教育的特色所在，是由我国长期以来所形成的高等教育管理体制所决定的。因此，在实现高等教育现代化的过程中，依然应该充分发挥政府政策的导向与保障作用。

当前要解决的主要问题是，如何在非竞争性经费拨款方面突出公平性，在竞争性拨款方面保持灵活性。为了能够最大限度地保障非竞争性经费拨款的公平性，实现区域高等教育的均衡发展，逐步建立和实施严格的学生年均拨款制度是必需的选择，即政府部门对于高等教育的非竞争性经费拨款应在参照学生年均培养成本的基础上严格按照在校学生数量进行拨付。由于我国区域经济发展的不平衡，高等教育学生年均拨款制度的建立还有赖于高等教育财政转移支付制度。在竞争性经费的拨款方面，政府部门除加大投入力度外，还应在拨款的过程中尽可能淡化身份制度和行政级别，努力打造一个公平而高效的科研竞争环境，建立完善的绩效拨款制度。

为使政府政策资源发挥更大作用，应该进一步做到政策程序的合理性、政策面向的公平性、政策内容的科学性。为规避政策风险，预防政策失误，政策制定需要有合理依据并遵循科学程序。与经济格局一样，我国高等教育的体系内实际存在着丰富的多样性、层次性和差异性，政府应当秉持公平的原则，采取公正的立场，区别不同地区、不同层次、不同类型高校发展需要，做出资源配置上的科学决策。

（三）促进形成社会广泛支持的体系及机制

现代高等教育体系内部的许多问题本质上是社会问题的反映，因此现代高等教育的改革与发展离不开社会的理解与支持，这是实现高等教育现代化的重要社会资源。社会资源对高等教育的支持表现在多个方面，如社会捐资、通过产学合作的方式支持高校科研、通过共建实习实践基地参与高校的人才培养等。充分调动社会资源参与高等教育需要政府政策的支持，需要进一步制定与完善鼓励社会机构支持参与高等教育的相关法律法规；同时高校应与社会形成良性互动关系，合作共赢，构建包括政府与社会各类机构在内的有效高等教育社会支持体系。

三、促进中国高等教育的系统转型

21世纪，中国高等教育体系经历了从精英向大众化阶段过渡，进而进入普及化阶段的历程。高等教育在这一历程中要经历脱胎换骨的变化，使同质化、封闭式的教育体系转型为多样化、开放性、协调性的教育体系。

（一）适应普及要求，提升服务经济社会多样化需要的能力

多年来，我国庞大的高等教育系统一直存在同质性强、内部创新要素发育不足以及服务经济社会多样化需要的能力有限等问题。知识经济社会对高等教育需求的增加带来高等教育功能的拓展，传统高等教育难以为继，必须进行系统转型。

从东亚地区的经验看，学生的学习具有一定程度的"实用主义"色彩，在基础教育以

升学为导向和高等教育以就业为导向的背景下，学生的学习动机与经济发展速度成正比。在经济腾飞阶段，经济快速增长能够提供较多、较好的就业岗位，大学生学习的积极性较高，因为毕业可以找到好工作，而经济发展进入平稳增长甚至停滞阶段，就业岗位减少，"好"的岗位远不能满足需要，学生的学习动机就会下降，厌学情绪上升。目前，我国经济发展已经由高速增长转变为平稳增长，需要高等教育的系统转型。系统转型是从性质单一的传统高等教育体系转向内涵丰富的第三级教育系统，突破原有大学教育与职业培训、正规高等教育与非正规高等教育、全日制高等教育与非全日制高等教育的藩篱，改变狭窄固化的人才培养理念和制度，培育新的教育机构和组织形态，形成能使不同人才脱颖而出的培养环境和机制；系统转型是高等教育系统在自身与外部环境的互动中，根据社会发展形势与要求，遵循高等教育自身发展规律，实现系统的全面发展与进步，这种转型是渐进式的自身发展演变，而非外部力量强力推进下的断裂式变化。

经历系统转型的现代化高等教育体系，应该既符合国家和社会优先发展目标，又保障人民群众享有基本教育权利；既适应经济社会发展需要，又满足学习者多样性需求；既与基础教育、职业教育相连接，又体现终身学习理念。我们要从第三级教育系统的建设与完善上，统筹规划职业教育和普通教育、学校教育和终身学习、高端人才培养与大众普及教育等工作，提高教育系统的健康性，实现教育形式的多元化。

（二）促进多样化发展，丰富包容性教育的学制体系内涵

高等学校多样化是高等教育现代化的必然要求。现代高等教育系统发展逐渐由同质化走向多样化、异质化。未来十几年，伴随世界一流大学和一流学科建设，普通本科院校更加突出与经济社会发展结合、应用型人才培养以及现代职业教育体系建设，我国将逐步形成以"双一流"为代表的研究型大学和以应用型高校为代表的地方性、行业型本科院校以及以示范性高职为代表的高等职业技术学院，以此为基础建立起中国特色的高等教育分类体系。

明晰不同类型高等教育的层次结构、功能定位，突破人才培养的制度壁垒，打造一个同时注重应用性技能与学术创造性的第三级教育系统。以多样型人才培养体系取代将学术置于顶端、将技能置于底端的传统"金字塔形"教育体系。要完善我国高校合理定位的法规和政策体系，通过构建《普通高等学校分类标准》，完善《普通高等学校设置条例》，明确各类高等教育机构的定位，加强对不同类型高校的分类指导和管理。

要破除传统的政府或单一学术视角的高校层次分类标准，形成综合政府、社会、高校、市场的多维视野，构建起类型与层次相互结合的多元高校分类框架。真正代表普及化时代高等教育的不仅仅是少数几所一流大学，而是一流多元的高等教育体系。在这一体系中，各类高校平衡发展，各展所长，办出特色，办出水平。既有世界一流的研究型大学，也有世界一流的应用型高校和高等职业技术学院。不同类型高校的学生都能受到公平、适合的

教育，成长为合格人才、有用之才。

适应和促进高等教育的办学形式、学习者的学习方式、高等教育机构的存在方式的深刻变化，在包容发展中推进多样化的高等教育，逐步形成政府主办的公立高等教育与民办高等教育、中外合作办学、企业大学等共同包容发展的高等教育系统，为学生和社会各界提供更充分、更多样、更适切的学习机会。

（三）做好制度设计，维护协调性发展布局和开放性学制体系

高等教育现代化要求高等教育有序协调发展。这种协调包括多方面多重关系的协调。基于我国地域辽阔、人口众多、发展很不平衡的现实，积极推进区域高等教育的协调发展，不仅是教育问题，也是经济问题和政治问题。高等教育布局既要考虑不同区域经济社会发展需要，又要尊重高等教育自身发展规律，统筹和平衡高等教育规模、质量、公平与效益间的矛盾，提高高等教育的聚集程度，建设世界级、全国性和区域化的高等教育中心。

开放性学制体系首先是推进高等教育体系内部的开放合作。以灵活的学习制度和教学管理制度为纽带，搭建起开放多元、便捷畅通的高等教育"立交桥"和终身学习平台。实现高等教育真正意义上的综合化，既促进校内学科专业交叉融合，又增强高校间的开放与合作，还要推进高等教育体系面向社会的开放合作。以国民教育体系为依托，充分发挥网络教育、自学考试等系统的平台作用，建立更加开放和多样化的继续教育体制框架，以企事业单位继续教育和岗位培训为重点，推进学习型组织建设。以在职学习提高为主体，促进职前教育与继续教育相互衔接、普通教育和职业教育相互沟通、有组织教育与自主学习相互补充，实现各类教育共同发展，资源共享，推进形成全民学习、终身学习的学习型社会。同时，要关注国内与国际高等教育的开放合作，搭建国际与国内高等教育交流合作网，提高高等教育的国际化水平与能力。

四、完善高等教育治理体系

实现高等教育现代化，需要在既往改革的基础上，不断探索适应我国国情、符合世界潮流、能够推动现代化进程的制度、体制与机制。完善高等教育治理体系，实现高等教育治理能力现代化，依法治教，理顺中央政府与地方政府、高校与政府之间的关系，进一步扩大与落实高校办学自主权，完善中国特色现代大学制度建设。

（一）推进两级管理三级办学制度

明确划分中央与地方政府管理高等教育的权限，逐步完善"省级统筹"的高等教育管理制度。虽然我国确立了统一领导分级管理的高等教育体制，但各种法规只对中央和地方的管理权限做了笼统的划分，许多方面缺乏明确具体的规定，导致高等教育管理往往会出现主、次要角色偏离和权限范围内、外的角色偏离等问题。故应适应经济体制改革的走向，

适应建立条块有机结合的新型高等教育管理体制的需要，高等教育管理体制改革和布局结构调整需采取以宏观指导下的省级政府统筹为主的原则，把中央部委属高校与地方高校的改革与调整有机结合起来，在管理体制的变化中实现高等教育资源的优化调整。地方在规划和实施本地区范围高校改革与调整时，要主动统筹考虑本地区范围内包括部委属高校在内的所有高校，有关部门则应密切配合。

完善以省级政府为主管理高等教育的体制是我国具体国情的必然要求。我国作为一个发展中的大国，基本特征就是各省、市、自治区之间经济社会发展很不平衡。在完善高等教育管理体制的改革过程中，要突出省级政府的区域统筹作用，做到权责一致、权力均衡、统筹和决策相统一等。

（二）进一步理顺高校与政府、社会的关系

继续推进政府放权、学术事务去行政化，使高校真正成为面向社会、面向市场自主办学的法人实体。政府与高校的关系是我国高等教育改革与发展的核心问题，政府是（公办）高校的举办者和管理者，高校是具体的办学者，是高等教育活动的关键角色，具有核心地位。因此，高等教育管理制度改革的目标之一应是理顺政府教育管理职能，构建政府与高校的新型关系，切实扩大高校办学自主权，推动高校学术工作去行政化。新中国成立以来，随着中国社会经济的历史性转变，政府与高校关系的发展经历了一个由政府计划到政府监督、政府协调的过程，微观控制转变为宏观监督与协调管理，中央集权转变为分权和放权，按计划办学转变为自主办学。在这个进程中，政府引领和推动着高校的改革、发展，高校自身也在发生深刻的变革，只是不同类型、不同层次的高校变革程度不同。"政府有限干预、高校自主办学"应该成为构建政府与高校新型关系的主要目标。政府必须转变教育管理职能，认识并尊重高校区别于其他机构尤其是行政机构的特性，改变直接行政干预的单一方式，履行政策引导、统筹规划、监督管理和公共财政投入等多方面的职责；高校则要面对政府与社会问责，自主办学，接受质量和绩效评估。

高等教育现代化是国家强盛、社会繁荣、学术发达的重要表征。我们要从实现中华民族伟大复兴的历史高度和建设人力资源强国的战略全局出发，用开放的态度、国际的视野、创新的思维、认真扎实的行动，为中国高等教育的现代化目标实现贡献力量。

第二节　推进高等教育治理现代化

一、现代高校制度建设决定高等教育改革发展的成败

建立健全中国特色的现代高校制度，直接影响着我国高等教育改革发展。建设现代高

校制度的重要前提是牢固树立依法治校观念，依法定好位，依法有序推进改革发展。我国已经建立了比较完整的教育法律制度，使得依法治教办学的基础更加厚实。现代高校制度就是为适应中国国情和时代要求，建设依法办学、自主管理、民主监督、社会参与的高校制度体系，形成政府宏观管理指导、高校依法自主办学、市场竞争配置、社会第三方评价支持的共主体的高等教育治理体系。建立现代高校制度主要包括两个方面的内容：一是完善高校的外部治理结构，建立政府、学校、社会之间法权边界。在遵循高等教育办学规律的基础上，依法扩大和落实高校自主办学权，明确和规范政府管理权限和职责，引导市场适度调节，促进社会有效参与和监督。二是依照现代高校内部的逻辑，理顺内部治理利益相关者的关系。完善党委领导、校长负责、教授治学、民主管理的内部治理体系，充分激活高校的创新活力，加快我国高等教育现代化步伐，促进一批高校和学科向世界一流水平迈进。经验表明，一些发达国家的高校之所以能够成为世界一流高校并且长盛不衰，关键在于建立了与本国国情相符、科学合理的、动态调整的高校制度。当前我国高校正处于从高等教育大国向高等教育强国转型和改革深化的关键期，高校面临着越来越复杂的外部环境和内部利益结构，只有建立健全现代高校制度，通过完整规范的制度建设不断理顺和完善高校的各种关系，才能使高校保持旺盛的生命力，推动高校健康、有序、创新、和谐发展。换言之，要使我国高校更好地发挥社会主义制度优势，实现建设创新型国家等战略目标，就要进一步转变治理理念、深化高等教育体制改革，探索建设符合高等教育内外规律的中国特色现代高校制度。

二、落实管、办、评分离是现代高校治理的必然趋势

推进教育治理体系和治理能力现代化，就是要适应国家治理体系和治理能力建设，根据教育发展的自身规律和教育现代化的基本要求，以构建政府、学校、社会新型关系为核心，以推进管、办、评分离为基本要求，以转变政府职能为突破口，依法建立系统完备、科学规范、运行有效的制度体系，更好地调动中央和地方两个积极性，更好地激发每所学校的活力，更好地发挥全社会的作用。政府宏观管理，就是要转变职能简政放权、创新方式，把该放的权放掉，把该管的事管好，做到不缺位、不越位、不错位。学校自主办学，就是要依法落实学校办学主体地位，明确权利、责任，自我管理、自我约束、自我发展。社会广泛参与，就是教育质量要接受社会评价、教育成果要接受社会检验、教育决策要接受社会监督，最大限度地吸引社会资源进入教育领域。政府、学校、社会，管、办、评三者之间，权责边界既应当是清晰的，又一定是相对的，既相互制约又相互支持，由此形成现代教育治理体系，不断提升现代教育治理能力。管、办、评分离的最终目的在于形成管、办、评三个主要体制制度，即依法办学、自主管理、民主监督、社会参与的现代学校制度；政事分开、权责明确、统筹协调、规范有序的教育管理体制；科学、规范、公正的教育评价制度。

推进教育管、办、评分离有赖主体自觉和角色的科学分工。政府是教育政策和规划标准等的制定者、教育资源的分配者、教育评价的监督者，在教育治理模式的构建过程中发挥着导向和建构的作用。政府对教育治理规律和现状的认识与理解，对政府、学校、社会三者之间职能的界定等，将直接影响到治理模式的构建及最终形态。推进教育管、办、评分离，首要在于变革管理理念，并切实转变政府职能，改善监管方式，由传统管理走向现代治理。应着力改变原有自上而下高度集权的管理模式，建立利益相关者广泛参与的治理体系；建立并完善高校法人制度，落实好法人地位，真正把教育改革发展的任务落实到学校第一线，解放一切对学校不该有的束缚。同时，在学校内部建立起科学合理的制度体系，使学校内部治理机制趋于完善，既能自主又善自律。管、办、评中的"评"不是只是强化行政评价，而是在多元评价体系中弱化行政直接评价，突出权威专业机构和社会组织参与评价，既包括社会"评管"，也包括社会"评办"。政府要善于运用有权威、信度高的评估结果，加强宏观调控和政策引导。

三、在落实政府"放管服"中彰显高校办学主体性

"放管服"已成为我国政府治理国家和现代社会的重要理念。在高等教育领域落实"放管服"，是对实施管、办、评分离的深化，要求在彰显高校办学主体性或自主性的同时，更强调各级政府工作人员应增强服务意识和能力。政府应与社会、学校合理分权，明确制定分权清单，着力把控好对教育事业发展起决定作用的重要事项的决策权和调控权。树立"有限政府"理念，把原先越权承担的某些责任转移给学校和社会，进一步深化教育行政审批制度改革，完全取消非行政许可审批；减少对学校办学行为的行政干预，综合运用法律政策、规划、财政拨款、标准、信息服务和必要的行政措施，引导和督促学校规范办学；推行清单管理方式，建立教育行政权力清单和责任清单制度，通过政府公报、政府网站等便于公众知晓的方式，向社会全面公开教育及相关政府部门职能、法律依据、实施主体、职责权限、管理流程、监督方式等事项，为公民、法人或者其他组织提供优质服务，让权力在阳光下运行。在有条件的地方和学校开展负面清单管理试点，清单之外的事项学校可自主实行，要尽量缩减负面清单事项的范围，更多采取事中、事后监管方式。出台国家教育标准审定办法，健全教育标准制定和审查机制，提高教育标准的权威性、适切性，形成具有国际视野、富有中国特色的分层、分类教育标准体系。

四、加快改革和完善高校内部治理结构

政府放权力度越大，对高校自身的治理结构和治理能力的要求就越高。现代高校制度建设的核心之一就是高校的内部治理结构问题，改革和完善我国高校内部治理结构是完善

中国特色现代高校制度的关键。从功能上来讲，高校内部治理结构是要建立一种以共同理想为纽带、以各种权力和谐协调为基础的内部决策结构和垂直治理结构，避免决策权处于高度集中和过度紧张的状态，从而最大限度地释放高校的教育生产力、学术创造力与思想磁场力。从水平的权力结构来看，我国高校内部决策的权力要素包括以党委为领导的政治权力、以校长为首的行政权力、以学术委员会为主的学术权力、以教代会和职代会为主的民主权利；从垂直的治理结构来看，一校一院一基层学术组织是我国高校组织结构的基本选择，从直线型走向扁平化的管理是我国高校院校关系的基本走向。我国高校权力结构总体还处于政治权力、行政权力占主导的局面，学术权力和学生权利在很多高校没有发挥出其应有的作用。在简政放权的现实背景下，学校以及学校的二级学院的自主权进一步扩大，但学校与其二级学院的自我约束与监督机制不到位。应从调整现行的权力结构着手，建立新的政治权力、行政权力、学术权力和民主权力之间的平衡和谐关系。公办高校在坚持和完善党委领导下的校长负责制的基本原则下，应健全议事规则与决策程序，依法落实党委、校长职权；充分发挥学术委员会在学科建设、学术评价、学术发展中的重要作用。在规范政治权力、行政权力的同时尊重学术权力，强化教师参与治理的意识，赋予教师在学术上和校内治理上更多的话语权，探索教授治学的有效途径，充分发挥教授在教学、学术研究和学校管理中的作用；加强教职工代表大会等建设，发挥群众团体的作用。推动高校治理从直线型向扁平化发展、从科层制向事业部制的转变，完善高校及其二级学院自主权的自我约束与监督机制。加强高校内二级学院的权力运行监督与约束，尽快建立学校与学院的权力清单制度，完善二级教代会制度，整合和进一步发挥二级学术委员会的作用。

五、高校校长管理专业化是提升学校治理水平的重要途径

在我国现行高等教育的治理体系中，高校校长是高校组织的法人，既是高校组织与政府、社会联系的重要桥梁，也是决策与行政执行的重要纽带；既是决策的重要提案者，也是行政执行的组织者；既是行政系统与学术系统交互的重要结合点，也是市场竞争中的参与者。可以说，校长是高校治理中连接各种关系和主体的核心行动者，科学地定位高校校长的角色和职能，在很大程度上关系着中国特色现代高校制度的成效。推进校长管理的专业化，是在日益复杂和多元的治理结构体系中充分发挥校长角色和功能的重要途径。如何按照教育家和政治家的要求选拔和管理校长，如何有效地提升高校校长的治理能力，都在呼唤推进校长管理的专业化进程。提升高校校长管理水平的专业化，让校长有治校的动力，保障校长应有的权力，促进校长不断提高治校的能力，这需要政府提供有效的制度安排。要让教职员工，特别是教授们在选拔任用校长时有更多发言权。政府需要转变用人理念，应该认真思考如何让校长承担起高校治理中应有的责任，确保校长有依法依章治校的权力，推动校长不断提升自身治校的能力。应把校长视为一种职业，而不是行政级别色彩浓重的

职务，校长能够形成在一定意义上具有竞争性的职场，更好地为治理绩效负责，并建立起与校长自身的能力、素质和治校绩效相符的薪酬体系。对于高校校长自身来说，应该充分地认识到，在日益复杂的高校治理中，只有全身心地投入到高校治理中来，把高校治理视为"能专心的事业、有专长的从业、成专门的职业"，不断提升自身的专业化水平，把高校治理作为一种具有专业性、学科性和科学性的对象进行研究和实践，在推动高校治理现代化进程中发挥"一校之长"的特殊作用。

参考文献

[1] 石聪. 高校教育教学管理改革与发展探讨：评《现代教育理念下的高校教育教学管理研究》[J]. 中国教育学刊，2023（2）：121.

[2] 李南. 基于现代教育技术高校学生自主管理模式构建与应用研究 [J]. 山西青年，2022（20）：145-147.

[3] 张唐梁. 高校教育教学管理理论与实践：评《现代教育理念下的高校教育教学管理研究》[J]. 中国教育学刊，2022（10）：118.

[4] 王雅辰. 高校教育教学管理信息化创新发展路径研究：评《现代教育理念下的高校教育教学管理研究》[J]. 中国高校科技，2022（7）：103.

[5] 刘新楼. 现代高校管理制度与远程教育服务创新 [J]. 科技资讯，2022，20(14)：152-155.

[6] 基于现代信息技术对高校教育管理模式改革创新探究 [C]//.2022 年第五届智慧教育与人工智能发展国际学术会议论文集.2022：219-220.

[7] 孙巍. 大数据对现代高校教育管理的影响及改进策略 [J]. 科技资讯，2022，20（11）：236-238.

[8] 姜伟，宋文正. 大数据对现代高校教育管理的影响及改进策略研究 [J]. 吉林省教育学院学报，2022，38（5）：38-41.

[9] 许跃民. 人文关怀视域下的现代高校教育管理研究 [J]. 黄河.黄土.黄种人，2022（7）：53-55.

[10] 肖小玮. 现代学校制度视野下高校发展家校合作的创新与实践研究：评《高校教育管理与创新实践研析》[J]. 科技管理研究，2022，42（7）：249.

[11] 苗雨昕. 人文关怀视域下的现代高校教育管理研究 [J]. 产业与科技论坛，2022，21（3）：233-234.

[12] 刘晴雯. 谋略思维在现代高校教育管理中的应用研究 [J]. 河北软件职业技术学院学报，2021，23（4）：33-36.

[13] 李文君. 探析现代企业管理理论和方法在高校管理中的应用 [J]. 中国储运，2021（8）：171-172.

[14] 陈福喜 . 现代思想政治教育在高校教育管理中的意识形态建设：评《现代思想政治教育理论探索与管理研究》[J]. 热带作物学报，2021，42（6）：185.

[15] 欧高林 . 大数据对现代高校教育管理的影响与对策 [J]. 现代职业教育，2021（23）：210-211.

[16] 郭妮飞 . 现代社会高校艺术教育管理特色研究与优化对策 [J]. 大众文艺，2021（9）：192-193.

[17] 张连英 . 人文关怀视域下的现代高校教育管理研究 [J]. 创新创业理论研究与实践，2021，4（9）：169-170+173.

[18] 陈自礼 . 新形势背景下高校教育管理现状与措施 [J]. 科教导刊，2021（13）：20-22.

[19] 马莉，苟丽华 . 高校治理现代化视域下科研管理信息化问题研究 [J]. 玉林师范学院学报，2021，42（02）：137-140.

[20] 唐洁 . 人文关怀视角下的现代高校教育管理探析 [J]. 长江丛刊，2021（04）：115-116.